🐾This Book belongs to:
🐾Este libro pertenece a:

The top dog of coloring fun!

Get your paws ready—this pup-tastic adventure is all yours! 🐶🎨

Copyright Page - English

Printed in United States.
ISBN: 978-1-968156-00-8
Book Title: 50 Fun Facts About Dogs – Kids Edition (Bilingual – English & Spanish)
Series Title: 🐾 Color Me Pets: Adorable Animals for Animal Lovers
For more adventures, visit: https://tendernesse.com/

Página de derechos de autor - español

Impreso en Estados Unidos.
ISBN: 978-1-968156-00-8
Título del libro: 50 Datos curiosos sobre los perros – Edición infantil (bilingüe: inglés y español)
Título de la serie: Color Me Pets: Animales adorables para amantes de los animales
Para más aventuras, visita: https://tendernesse.com/

Fact #1

DOGS HAVE BETTER NOSES THAN PEOPLE.

Los perros tienen mejor olfato que las personas.

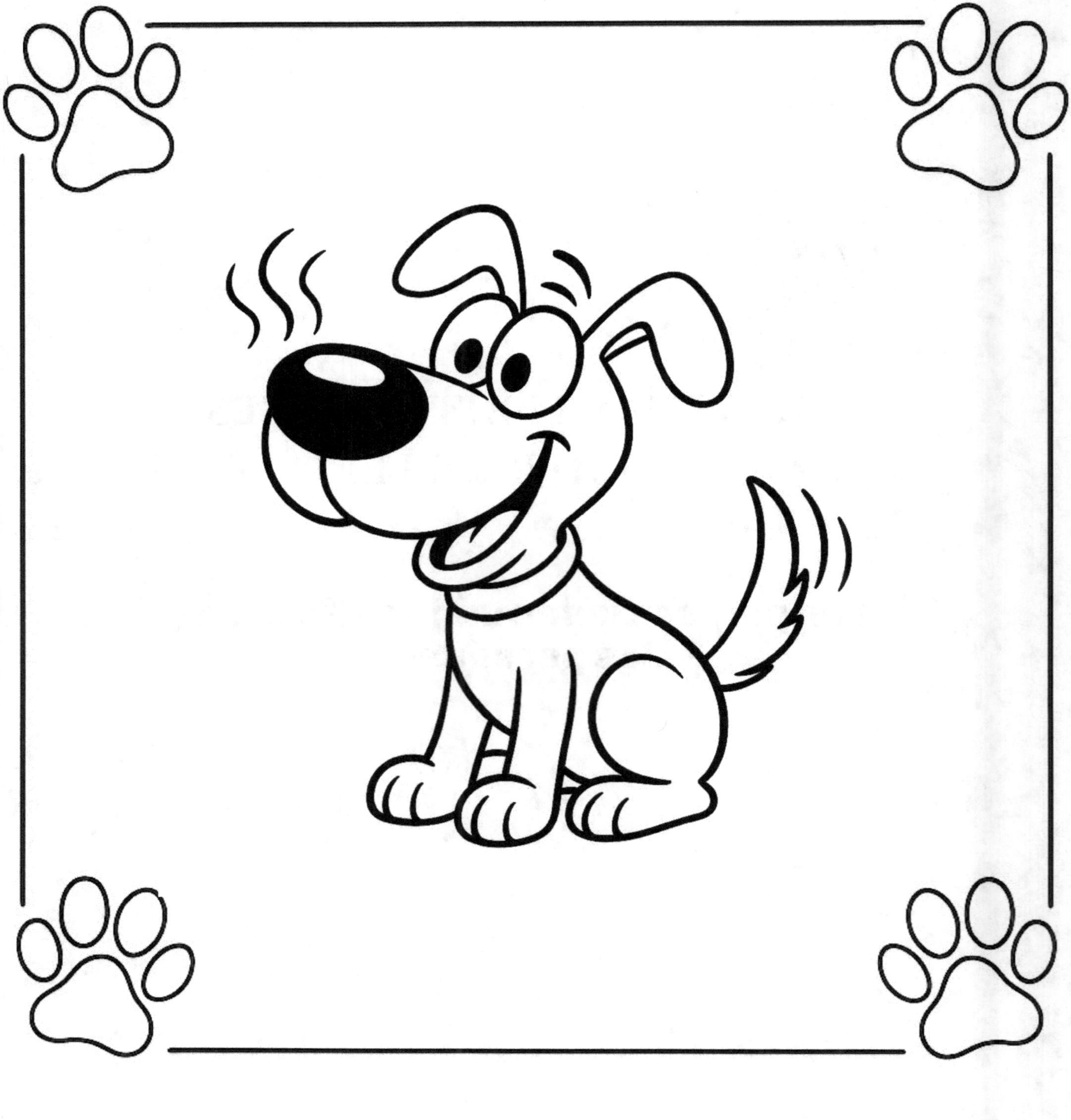

Fact
#2

PUPPIES ARE BORN WITH THEIR EYES CLOSED.

Los cachorros nacen con los ojos cerrados.

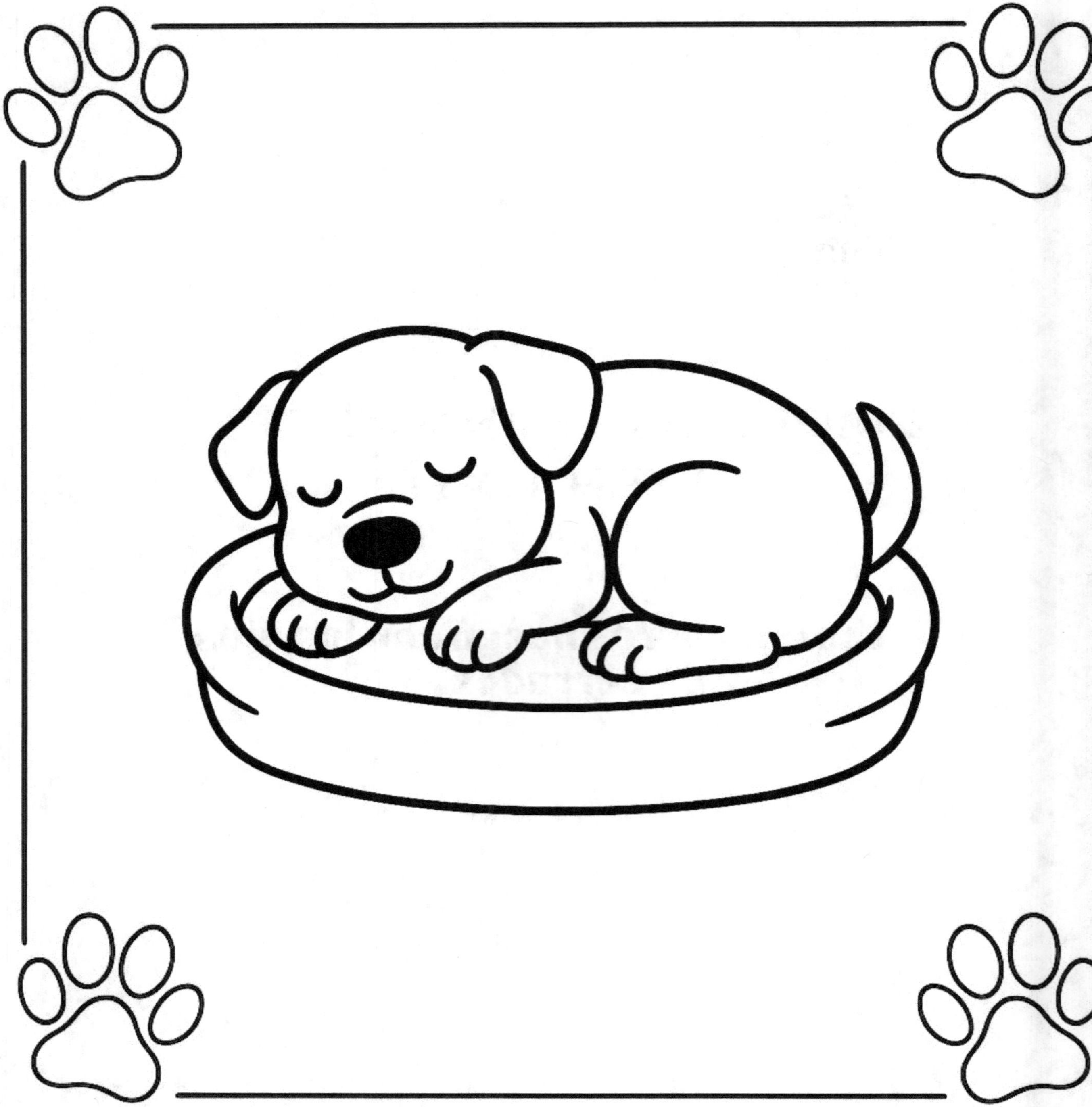

Fact #3

DOGS CAN HEAR SOUNDS WE CAN'T.

Los perros pueden oír sonidos que nosotros no.

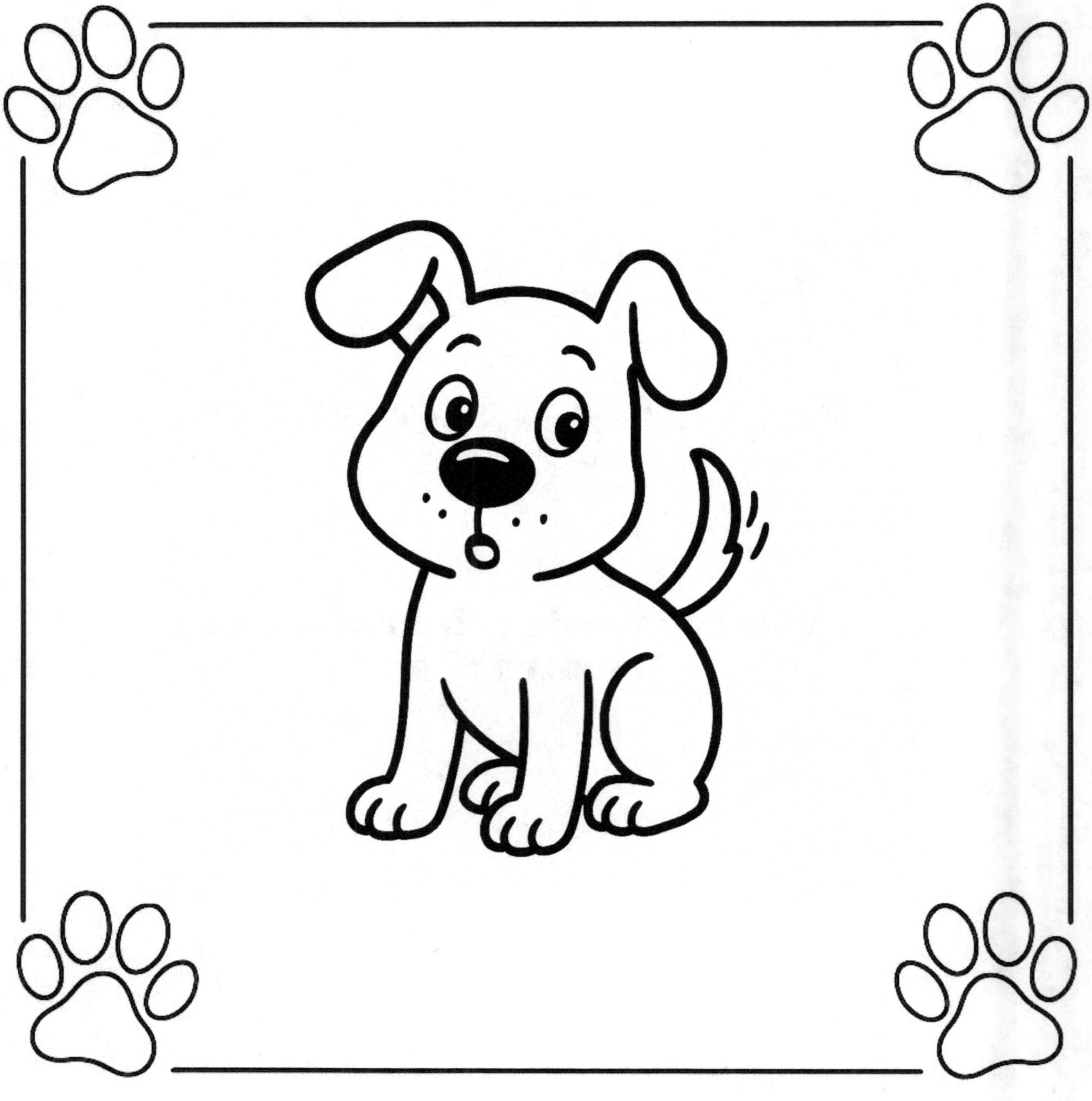

Fact #4

A PUPPY IS A BABY DOG.

Un cachorro es un perro bebé.

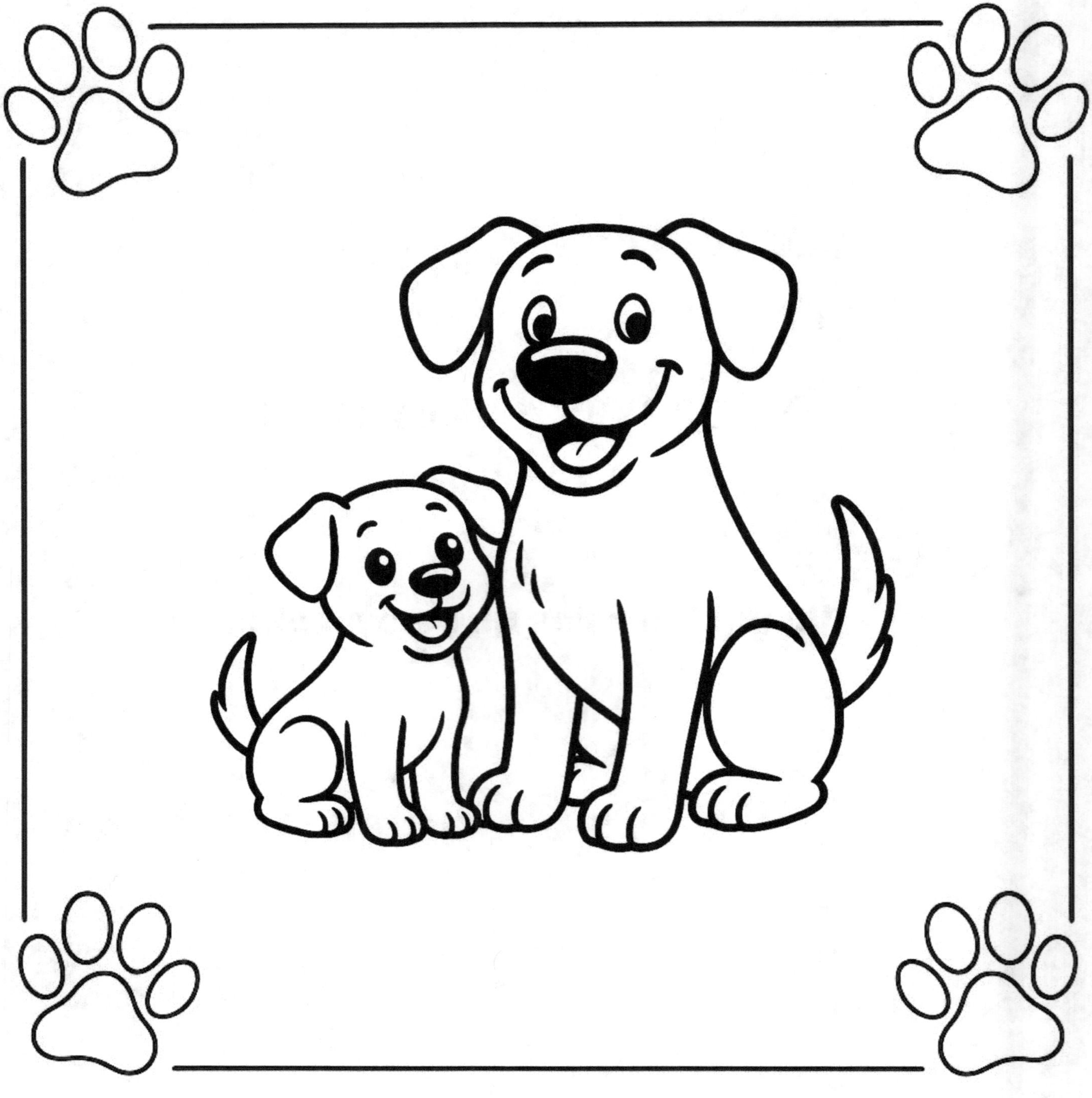

Fact
#5

DOGS WAG THEIR TAILS WHEN THEY'RE HAPPY.

Los perros mueven la cola cuando están felices.

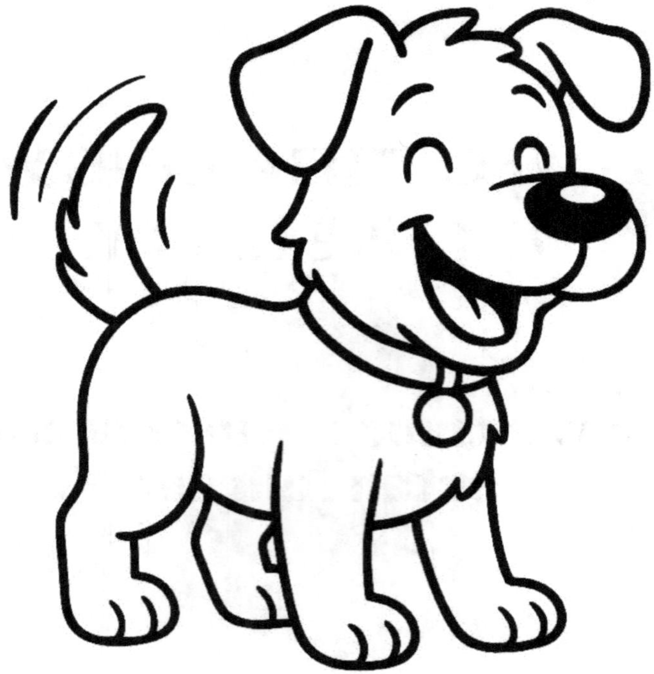

Fact #6

DALMATIANS ARE BORN WITHOUT SPOTS!

¡Los dálmatas nacen sin manchas!

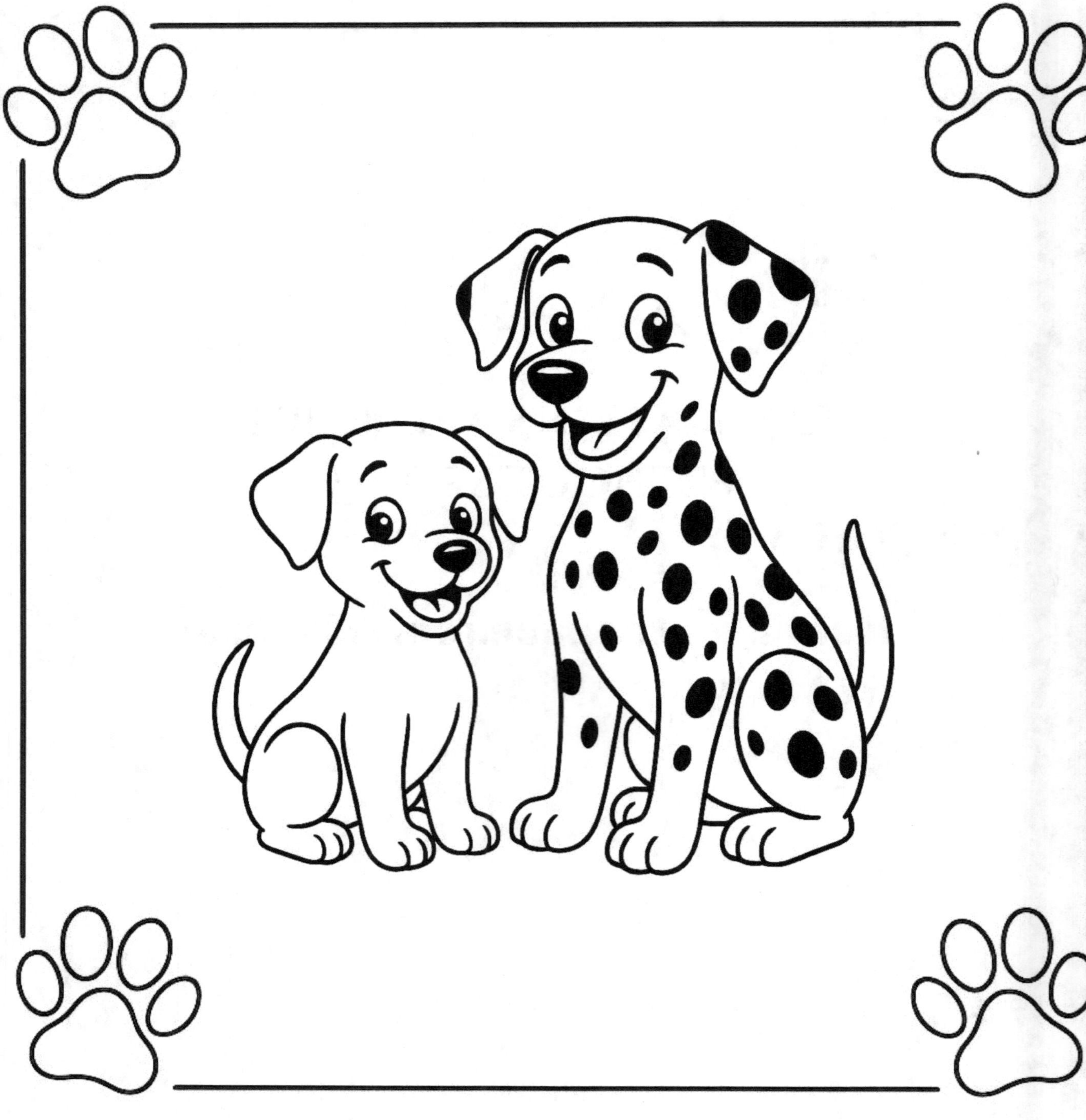

Fact #7

DOGS LOVE TO PLAY FETCH.

A los perros les encanta atrapar cosas.

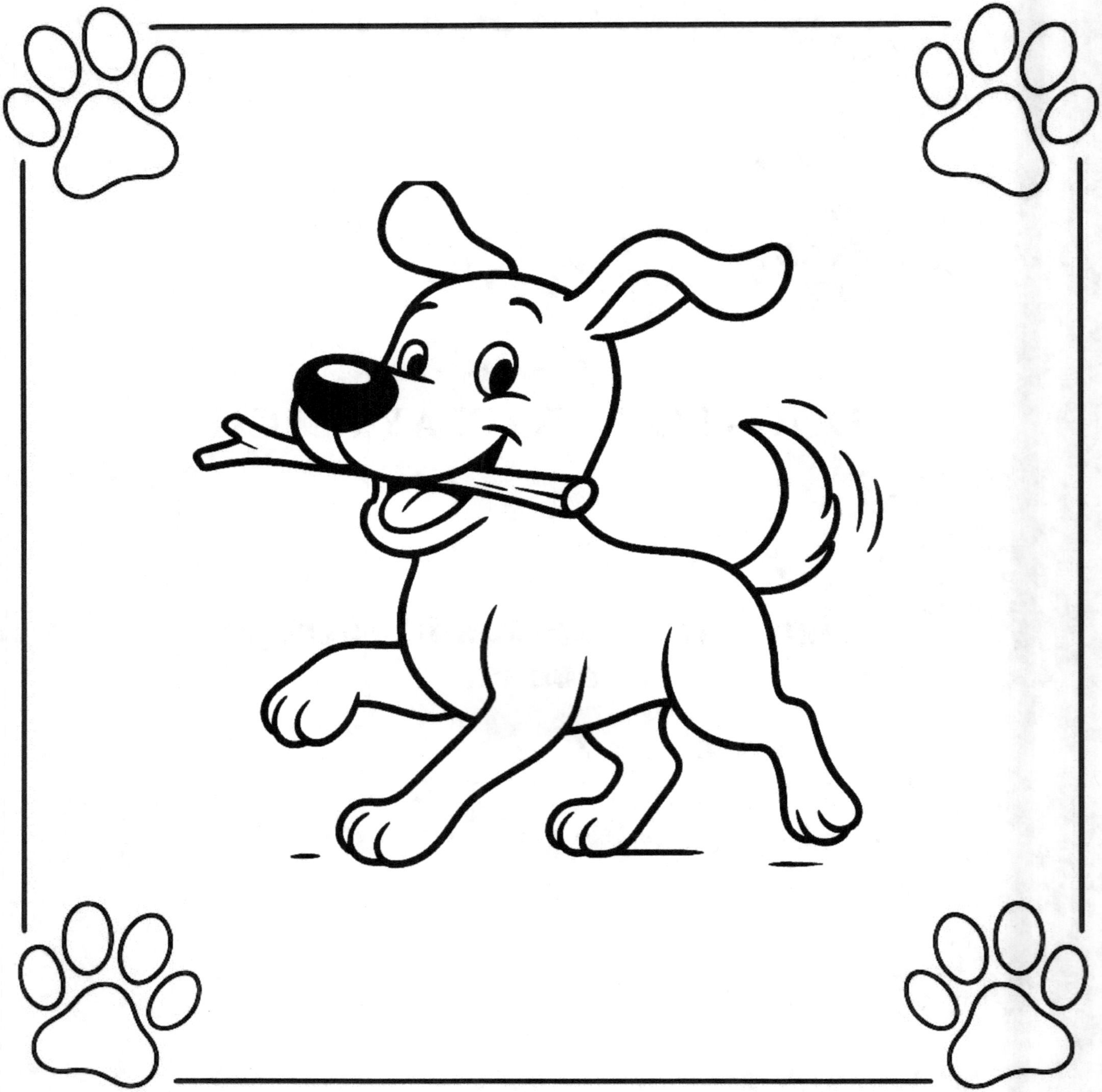

Fact
#8

SOME DOGS LOVE TO SWIM.

A algunos perros les gusta nadar.

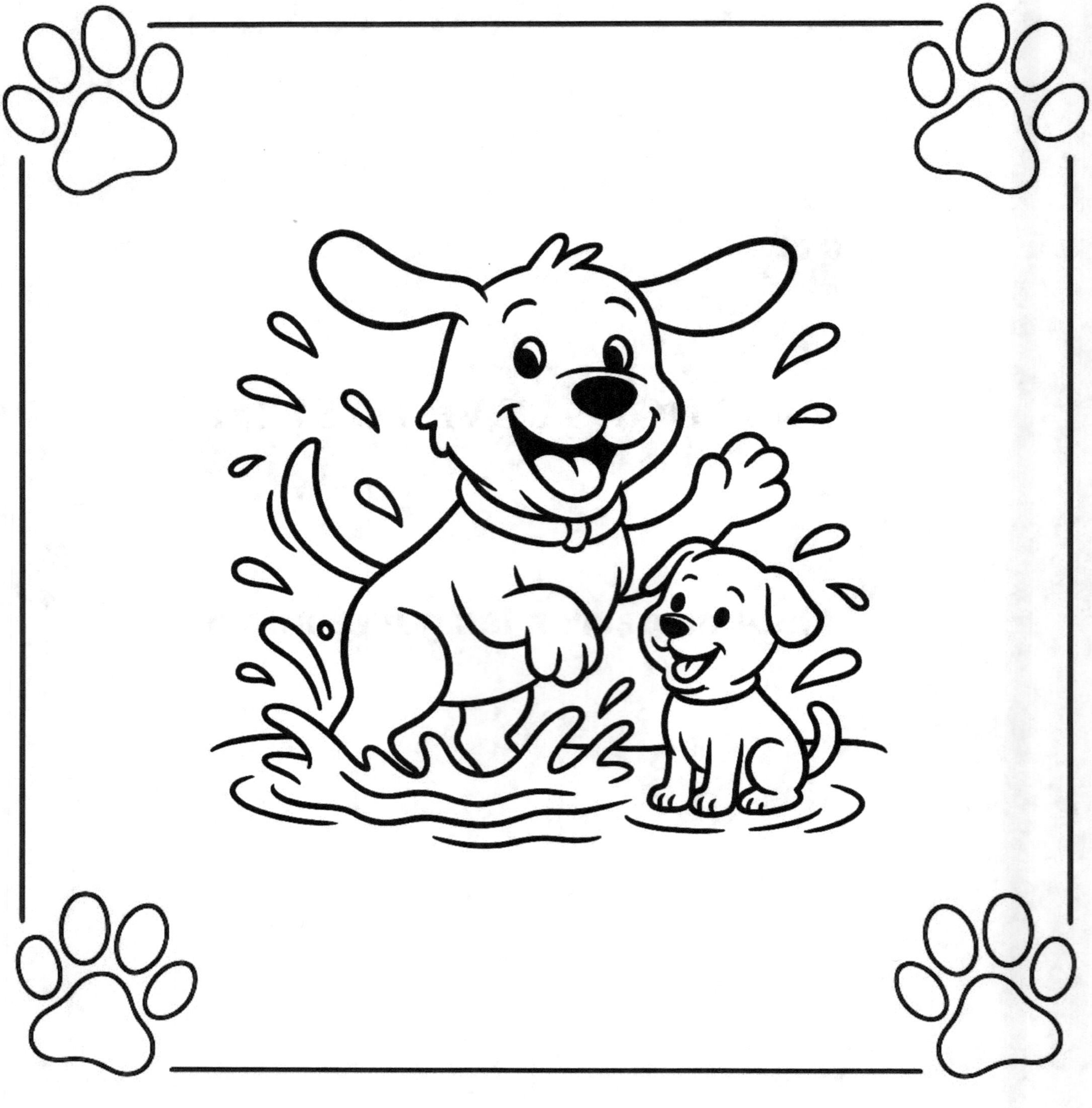

Fact #9

DOGS CAN SMELL YOUR EMOTIONS.

Los perros pueden oler tus emociones.

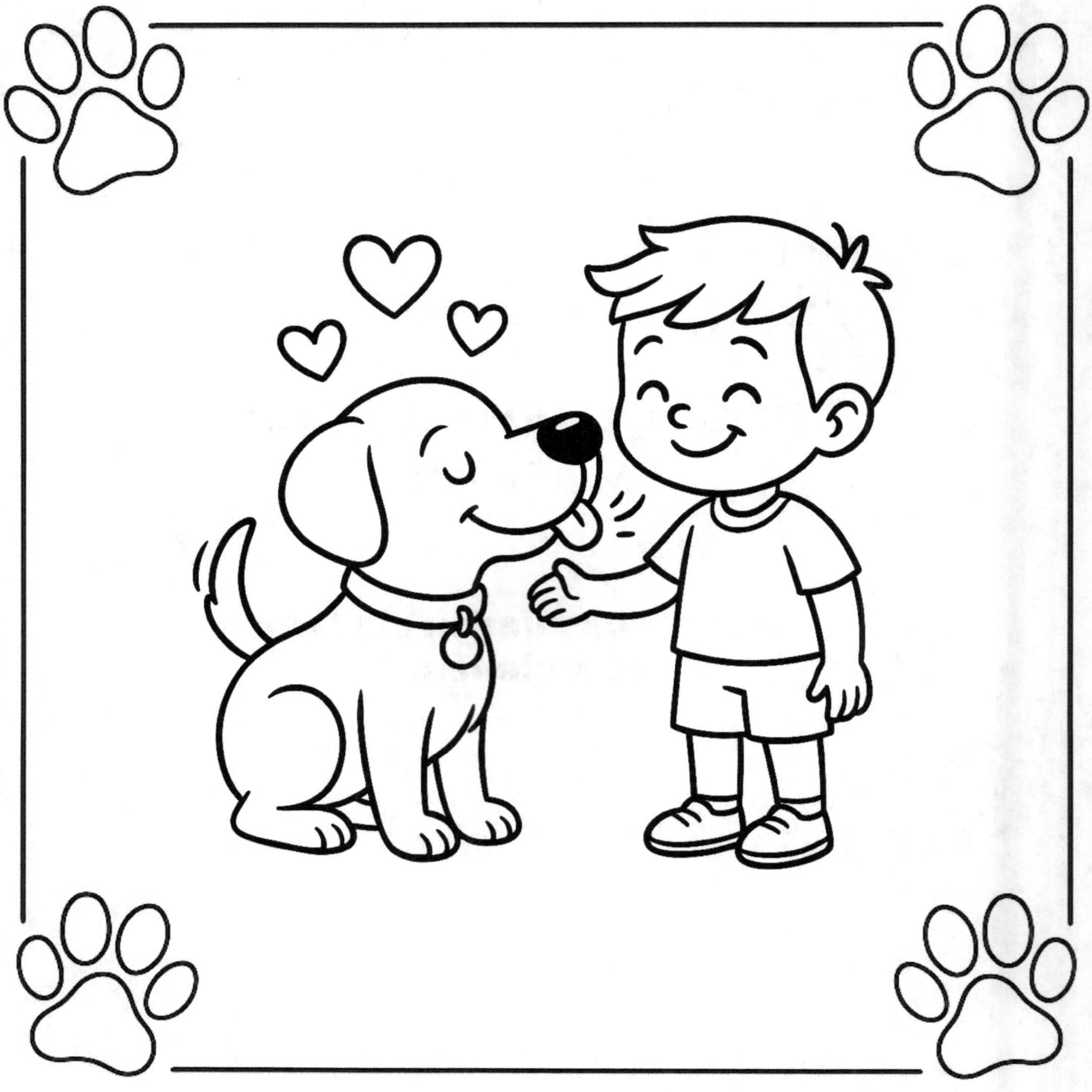

Fact
#10

DOGS DREAM WHEN THEY SLEEP.

Los perros sueñan cuando duermen.

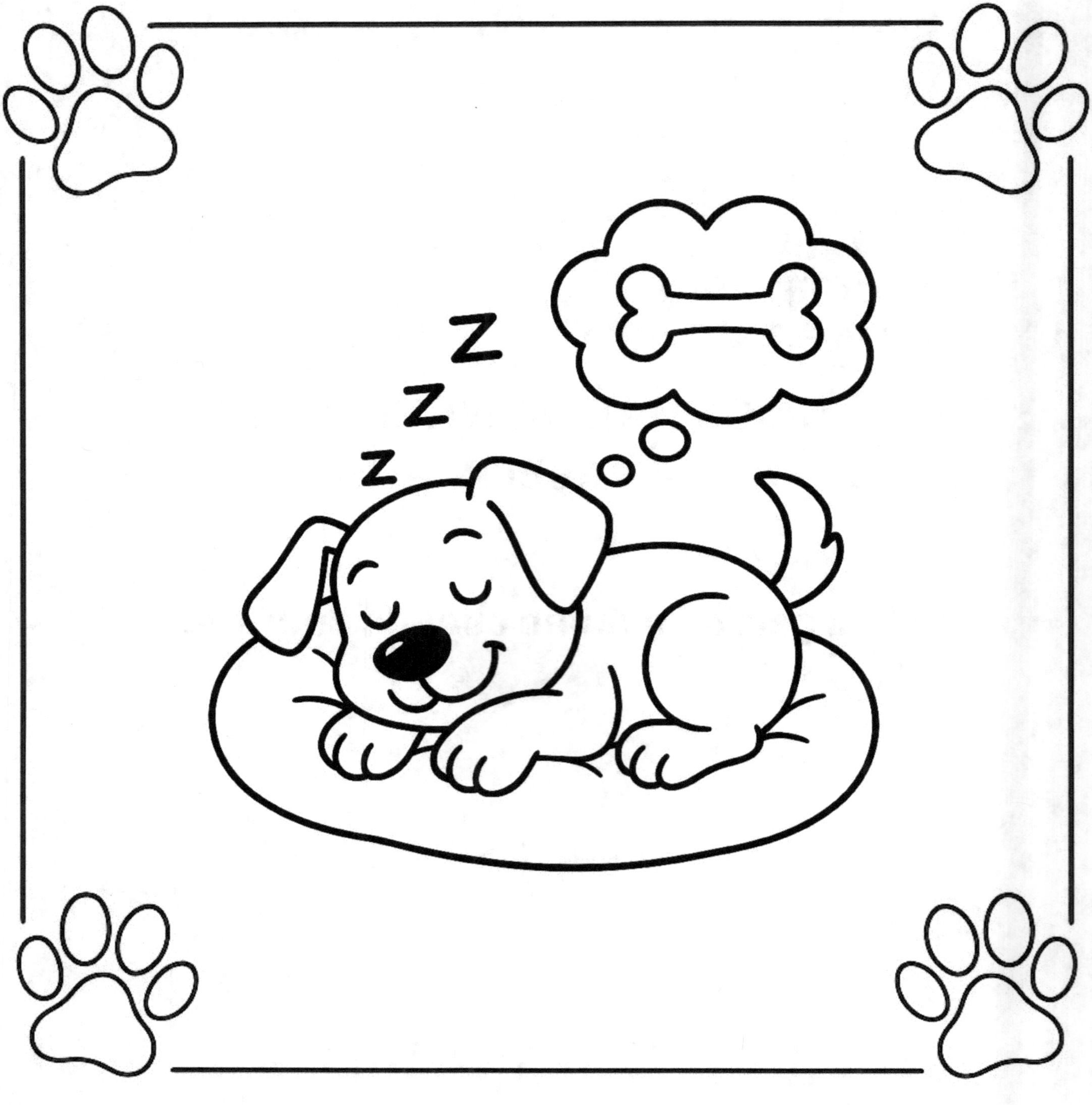
Z Z Z

Fact #11

DOGS CAN RUN VERY FAST.

Los perros pueden correr muy rápido.

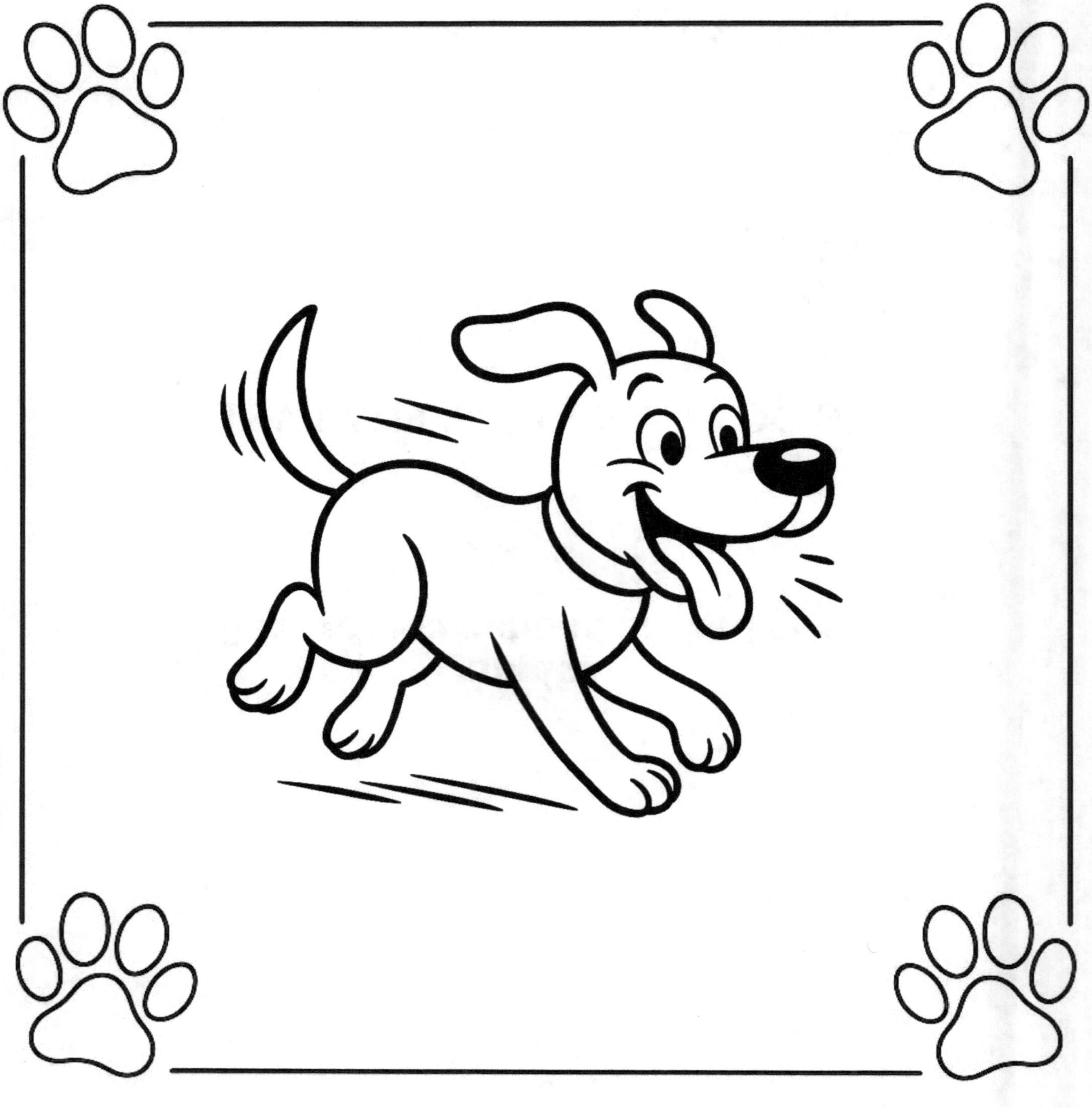

Fact
#12

DOGS HAVE WET NOSES

Los perros tienen la nariz mojada.

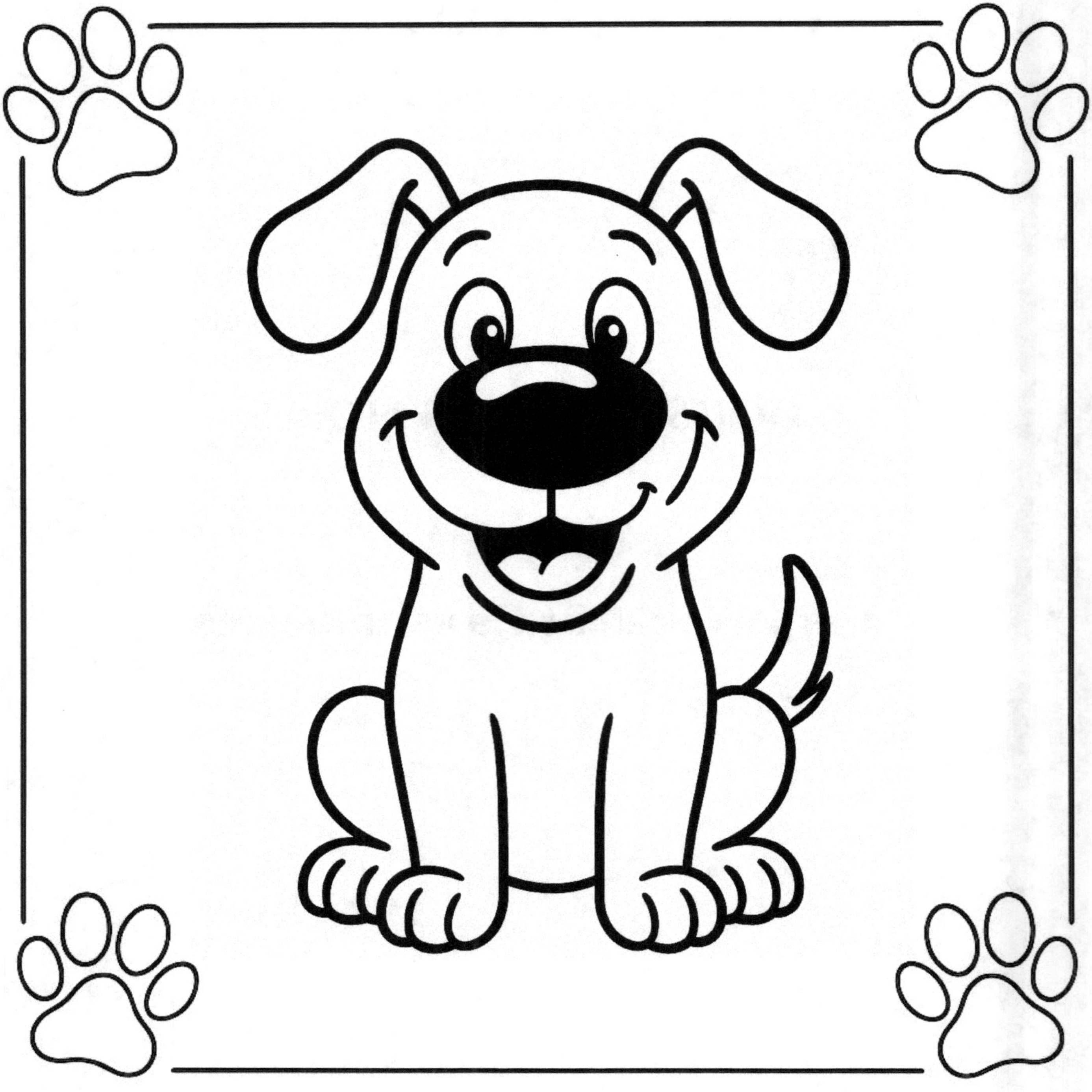

Fact #13

DOGS CAN UNDERSTAND MANY WORDS.

Los perros pueden entender muchas palabras.

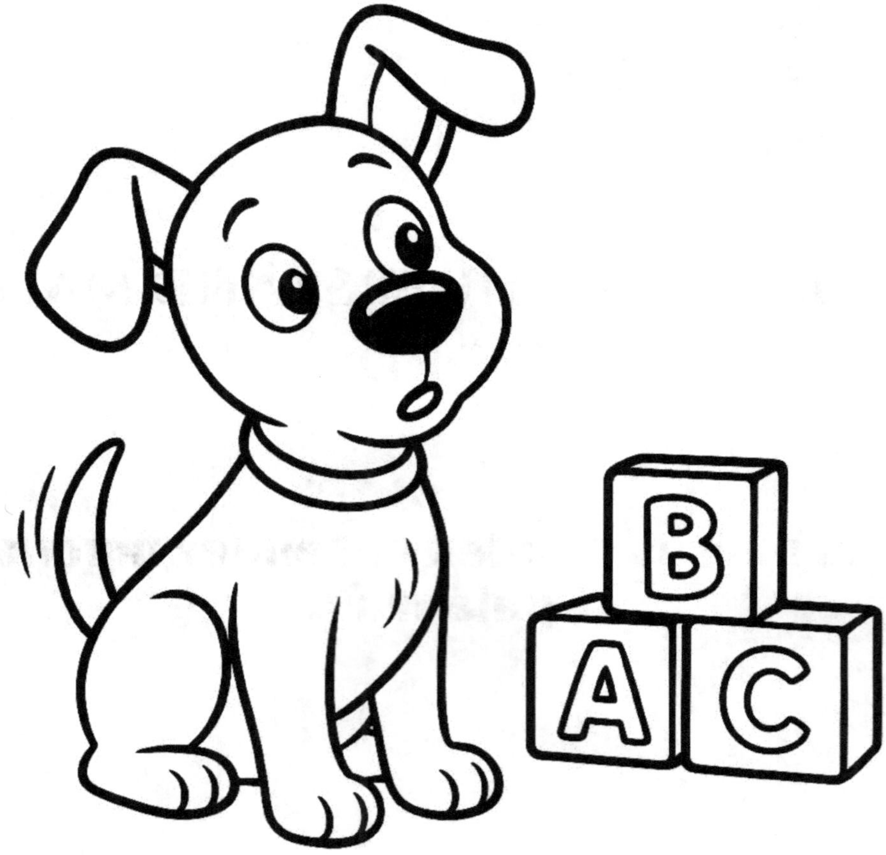
B
A
C

Fact #14

SOME DOGS WORK AS HELPERS.

Algunos perros trabajan como ayudantes.

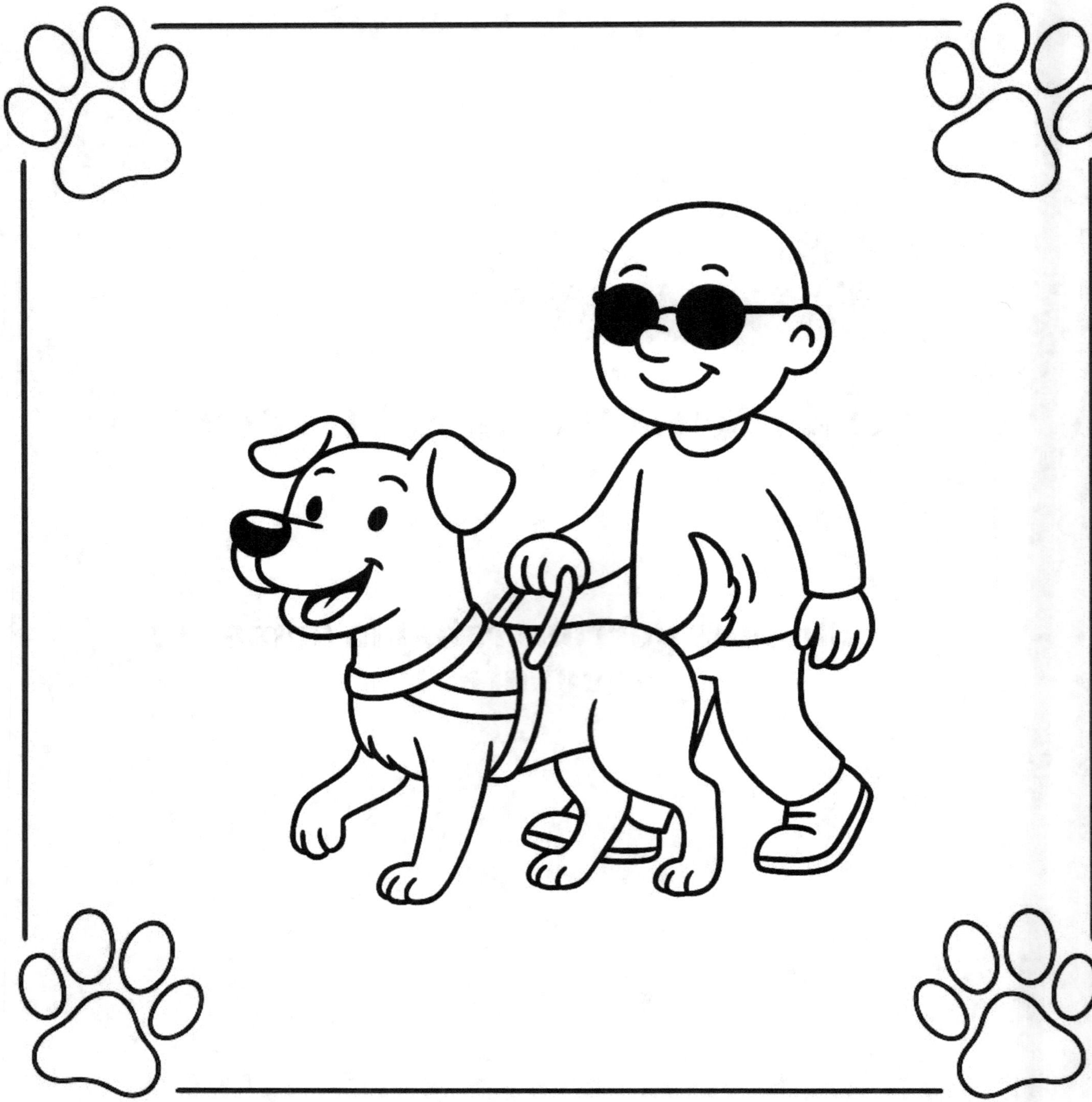

Fact #15

DOGS LOVE BELLY RUBS!

¡A los perros les encantan los masajes en la panza!

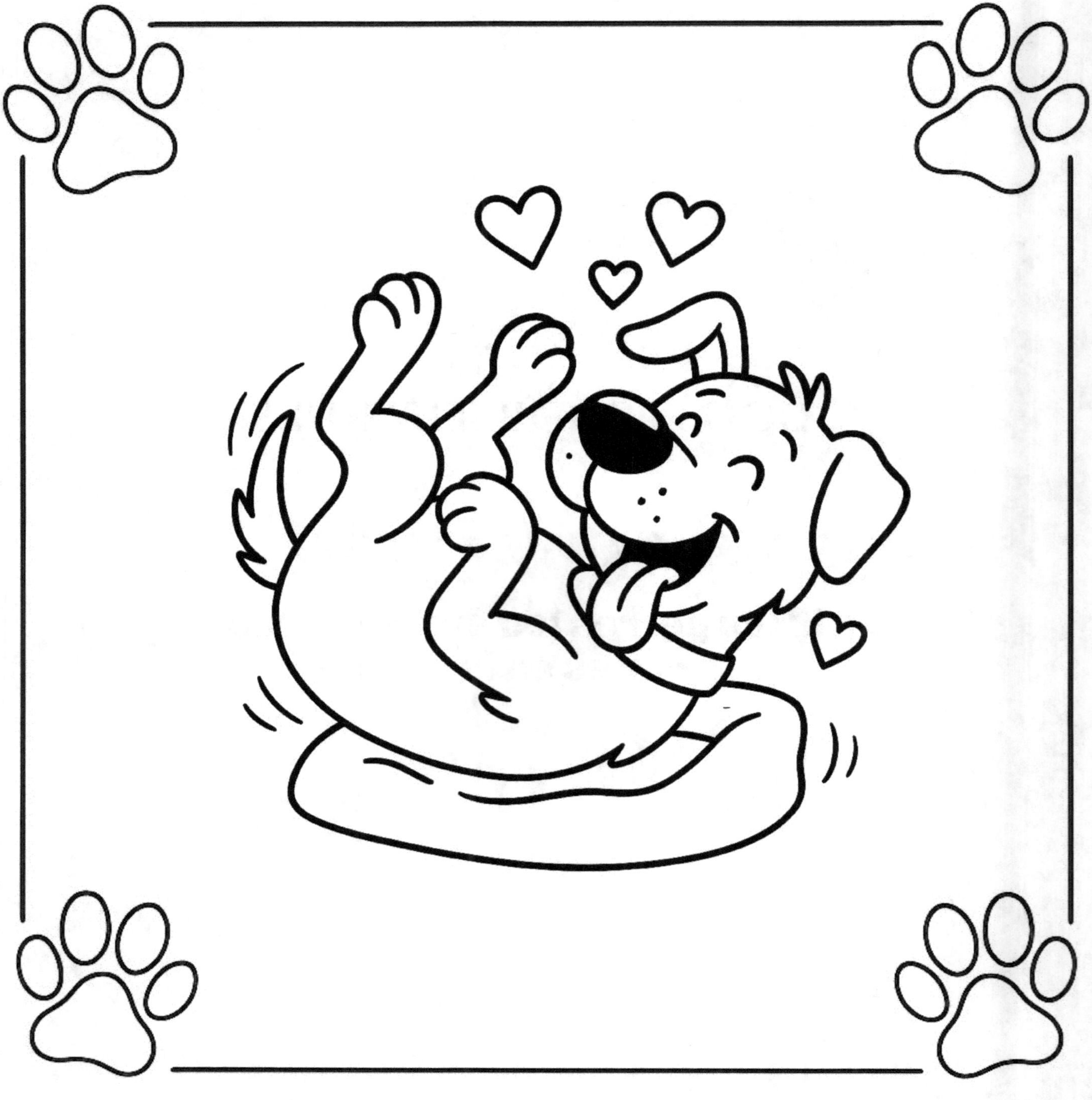

Fact
#16

A DOG'S NOSE IS LIKE A FINGERPRINT.

La nariz de un perro es como una huella digital.

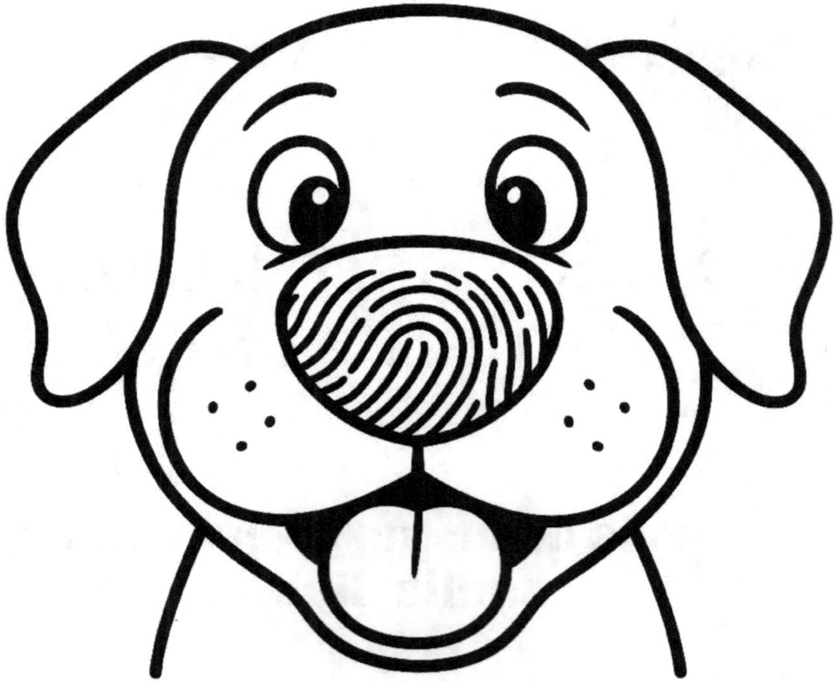

NOSE PRINT

Fact
#17

DOGS BARK TO TALK.

Los perros ladran para hablar.

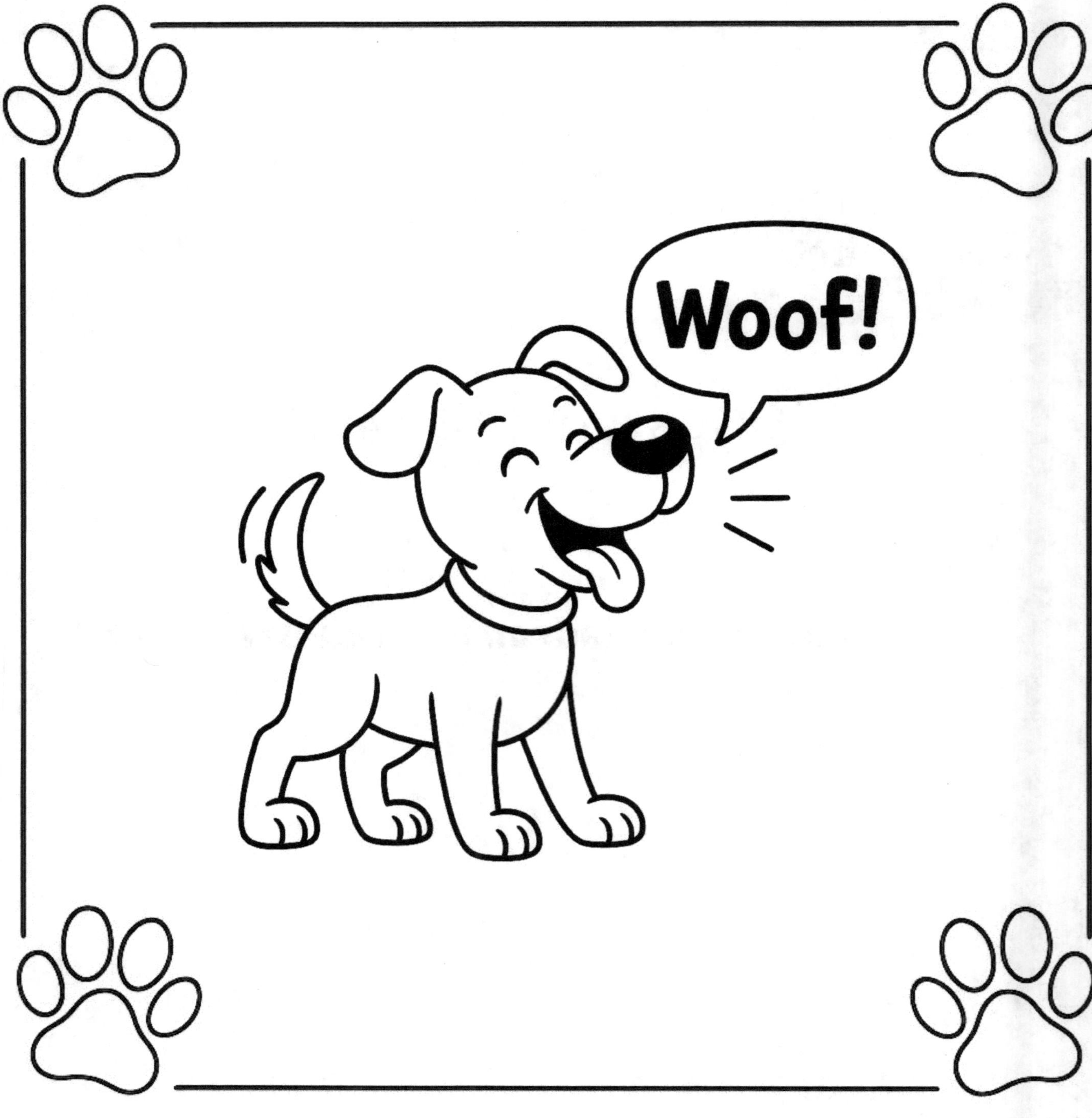
Woof!

Fact #18

THERE ARE OVER 300 DOG BREEDS!

¡Hay más de 300 razas de perros!

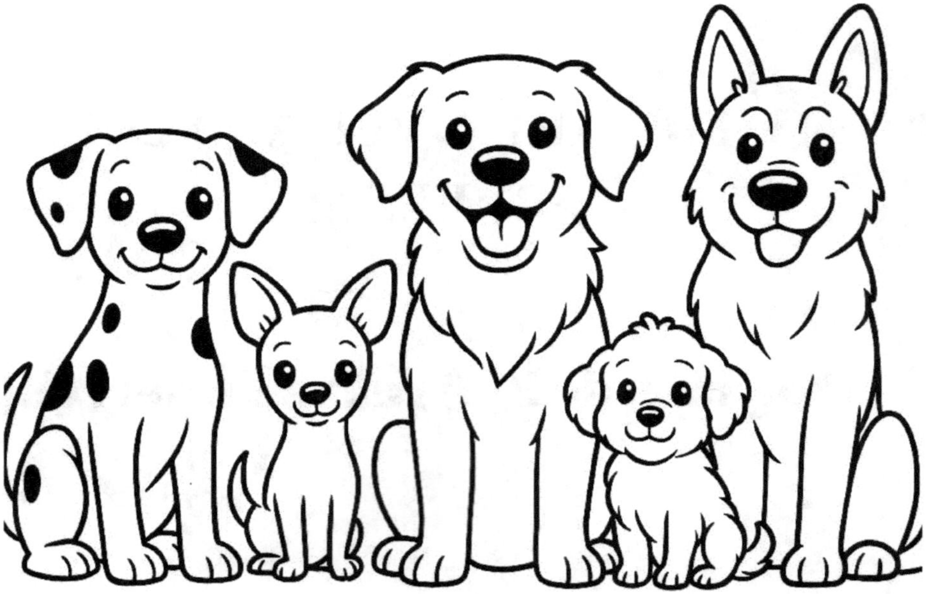

Fact
#19

DOGS CHASE THEIR TAILS FOR FUN.

Los perros persiguen su cola por diversión

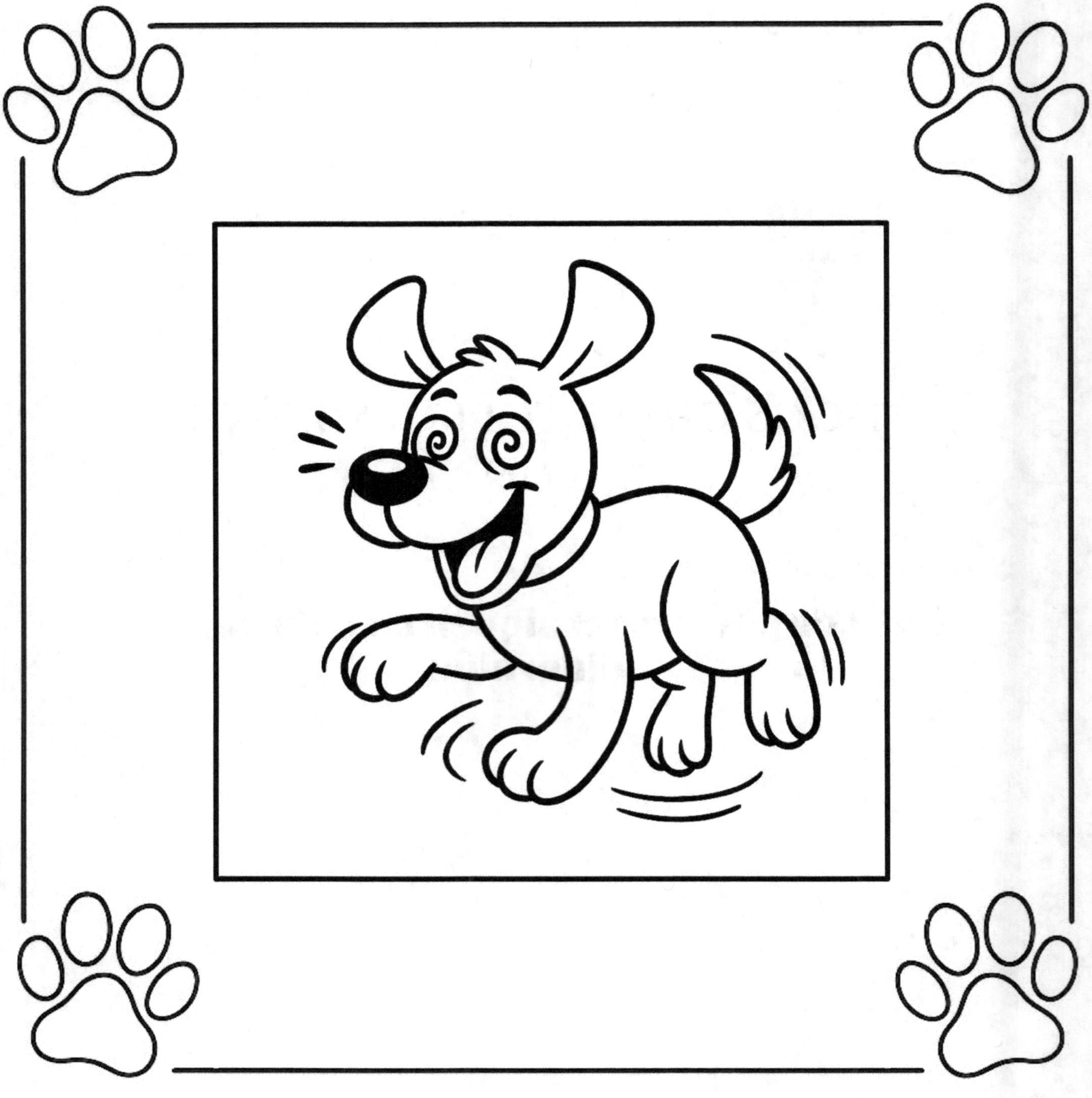

Fact #20

SOME DOGS HELP PEOPLE SEE.

Algunos perros ayudan a las personas a ver.

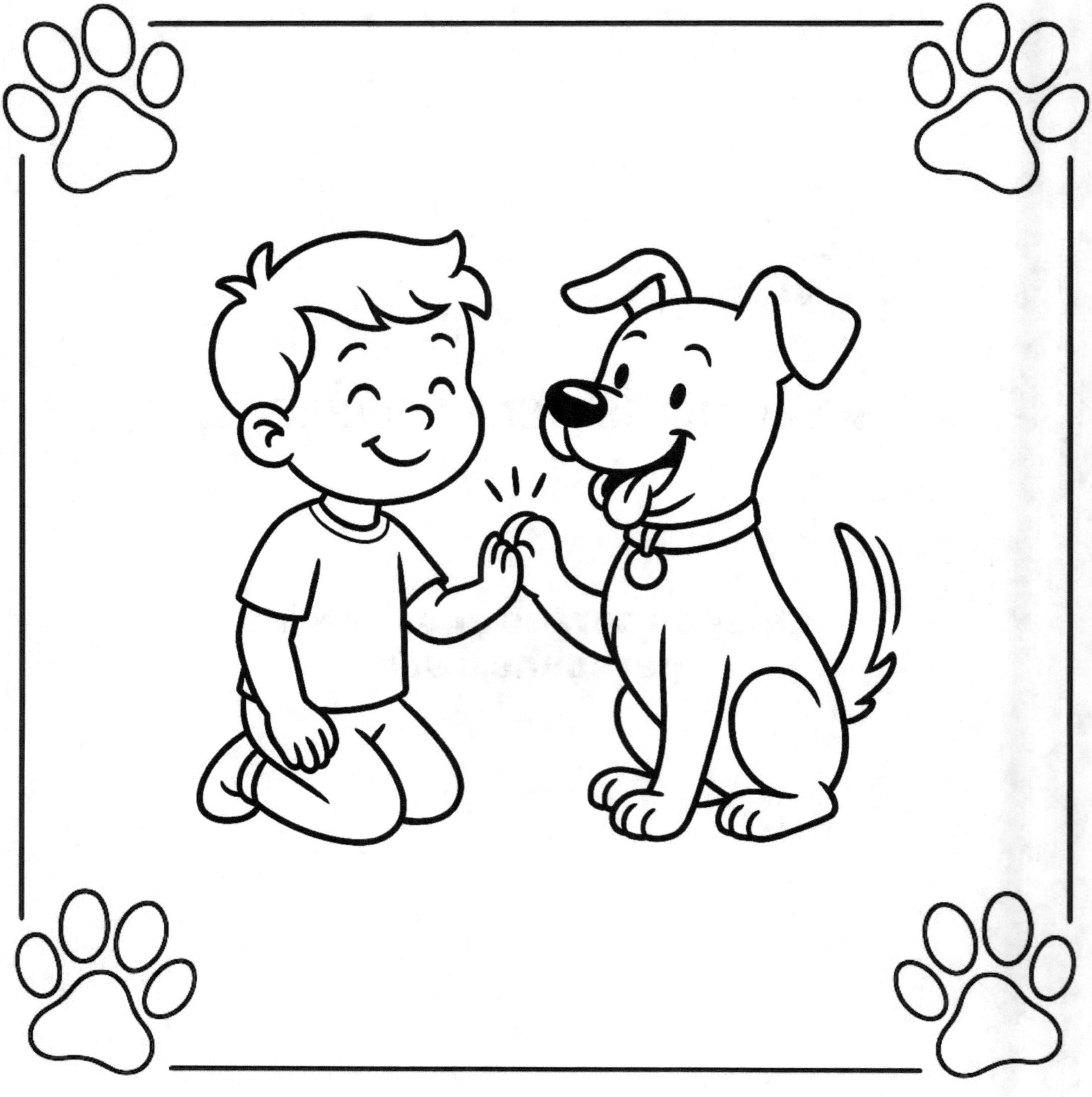

Fact #21

DOGS HAVE SHARP TEETH.

Los perros tienen dientes afilados.

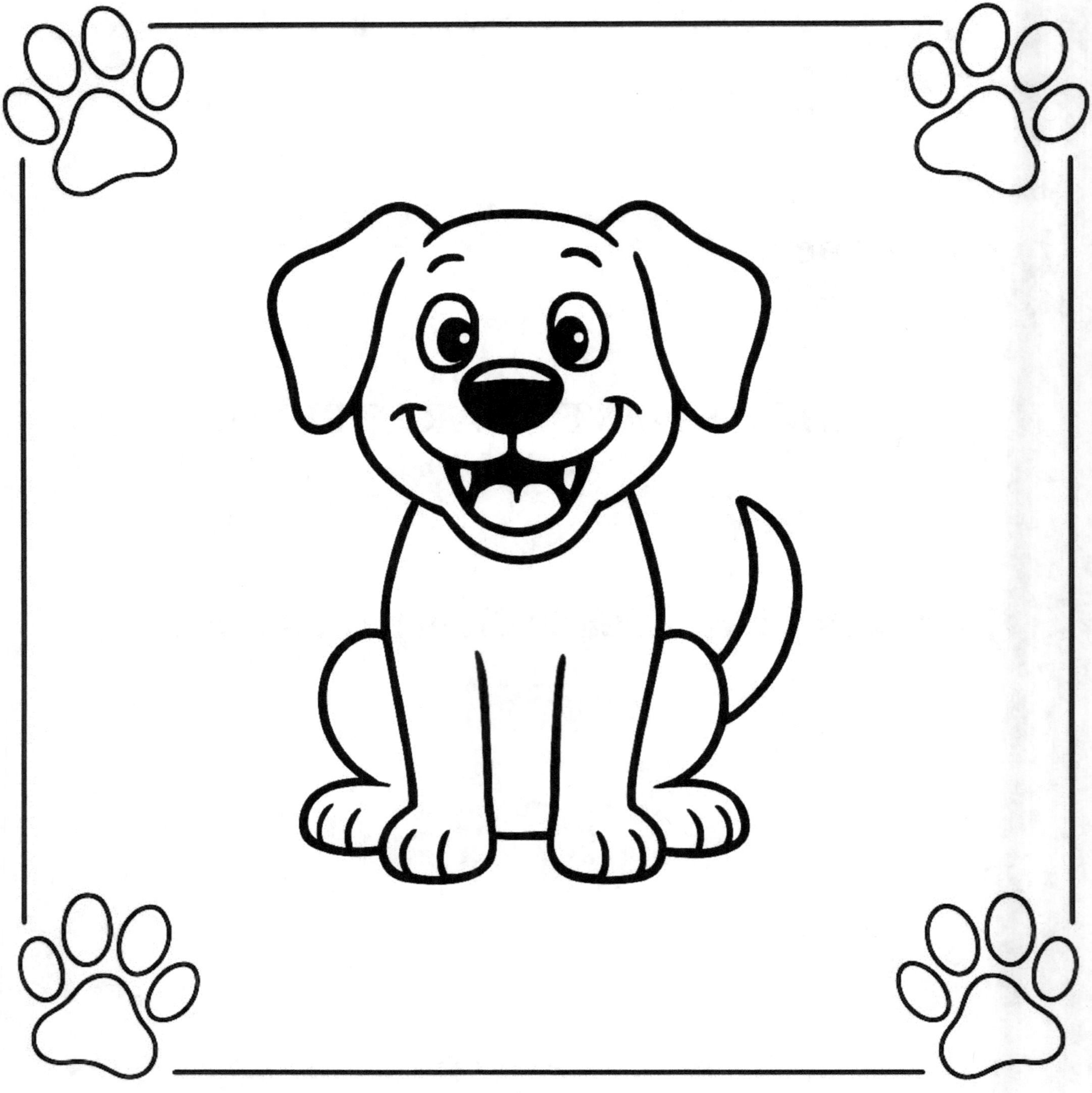

Fact #22

DOGS CAN SHAKE PAWS.

Los perros pueden dar la pata.

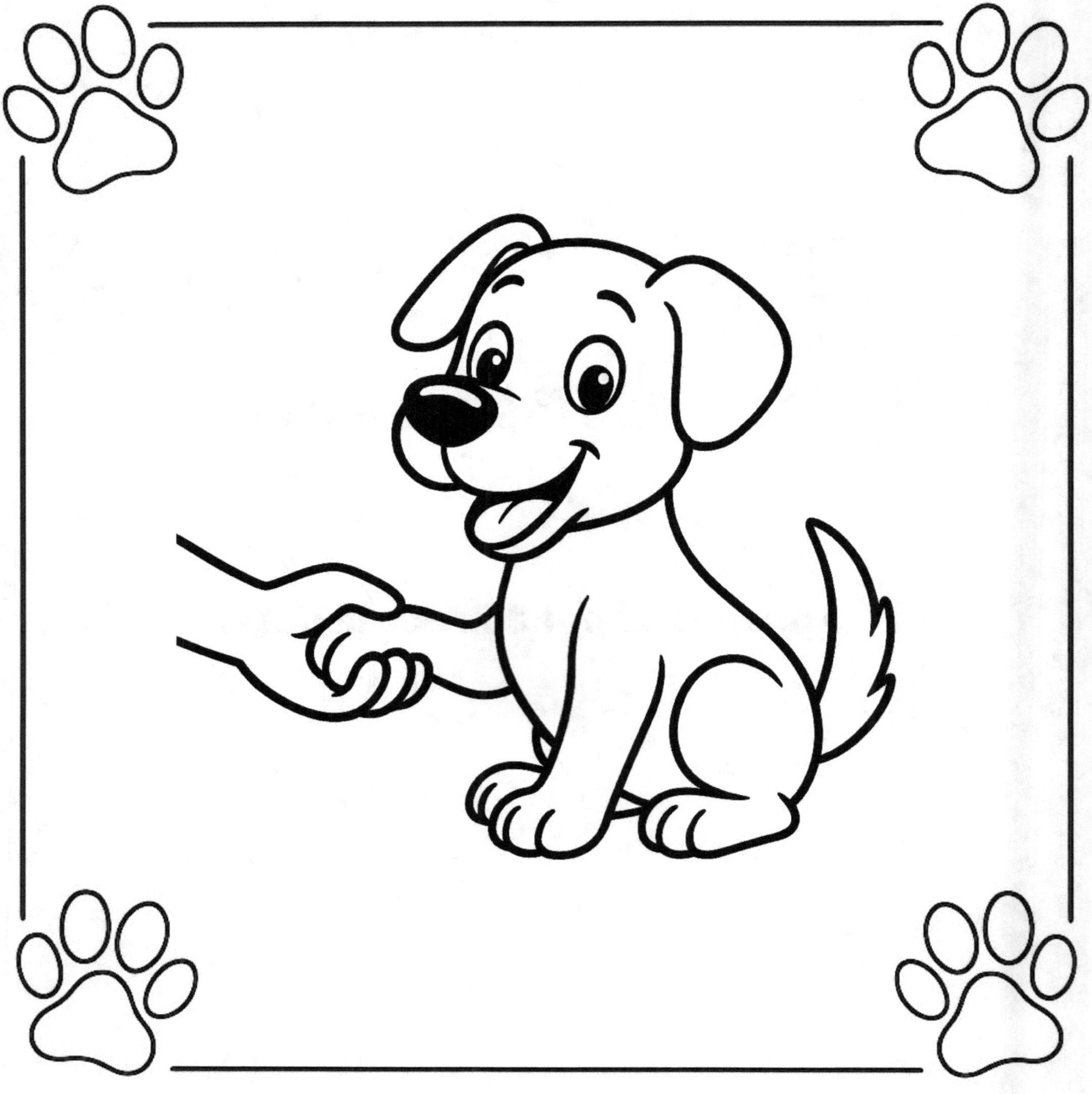

Fact #23

A GROUP OF PUPPIES IS CALLED A LITTER.

Un grupo de cachorros se llama camada.

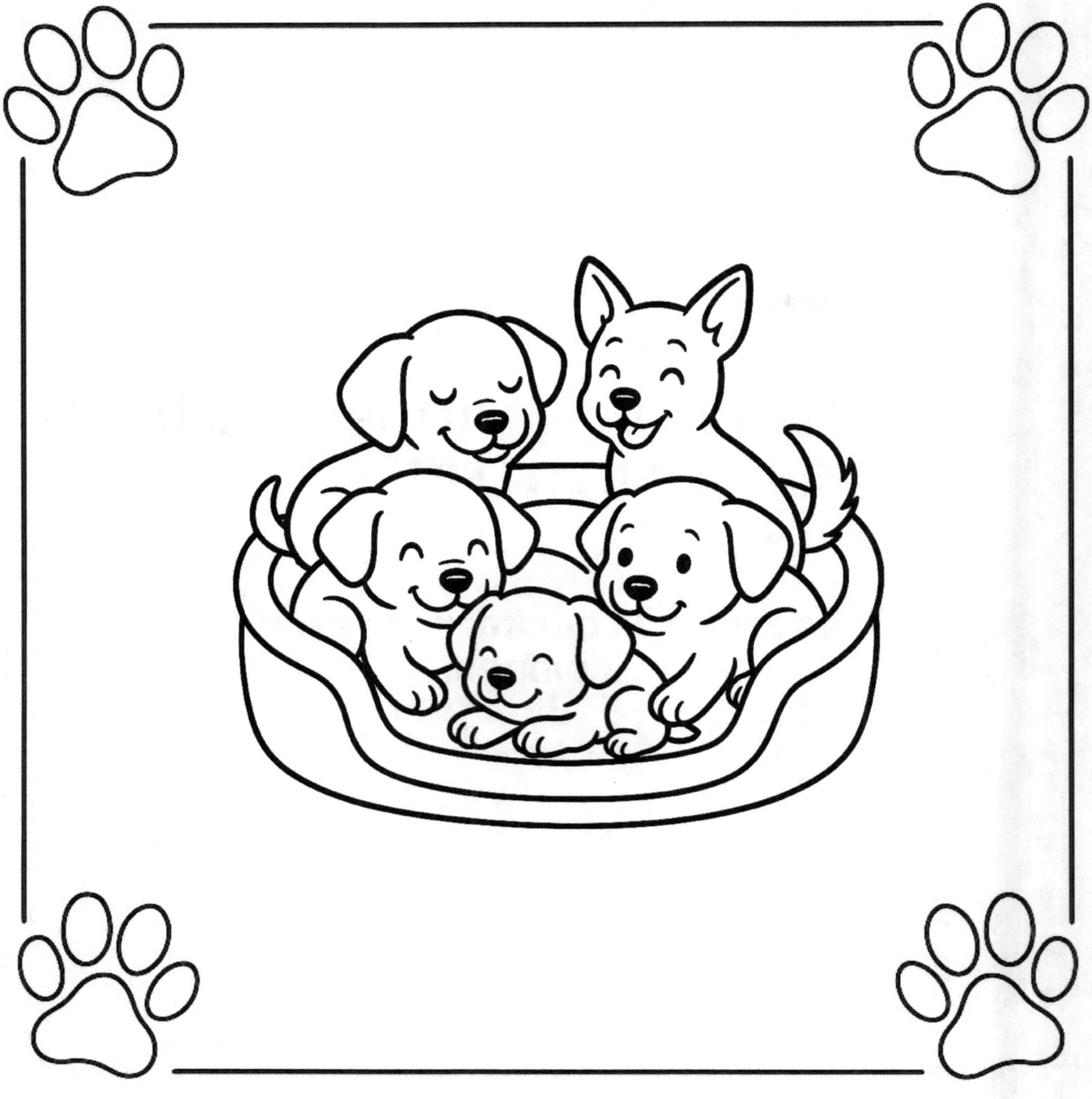

Fact
#24

DOGS LOVE BONES!

¡A los perros les encantan los huesos!

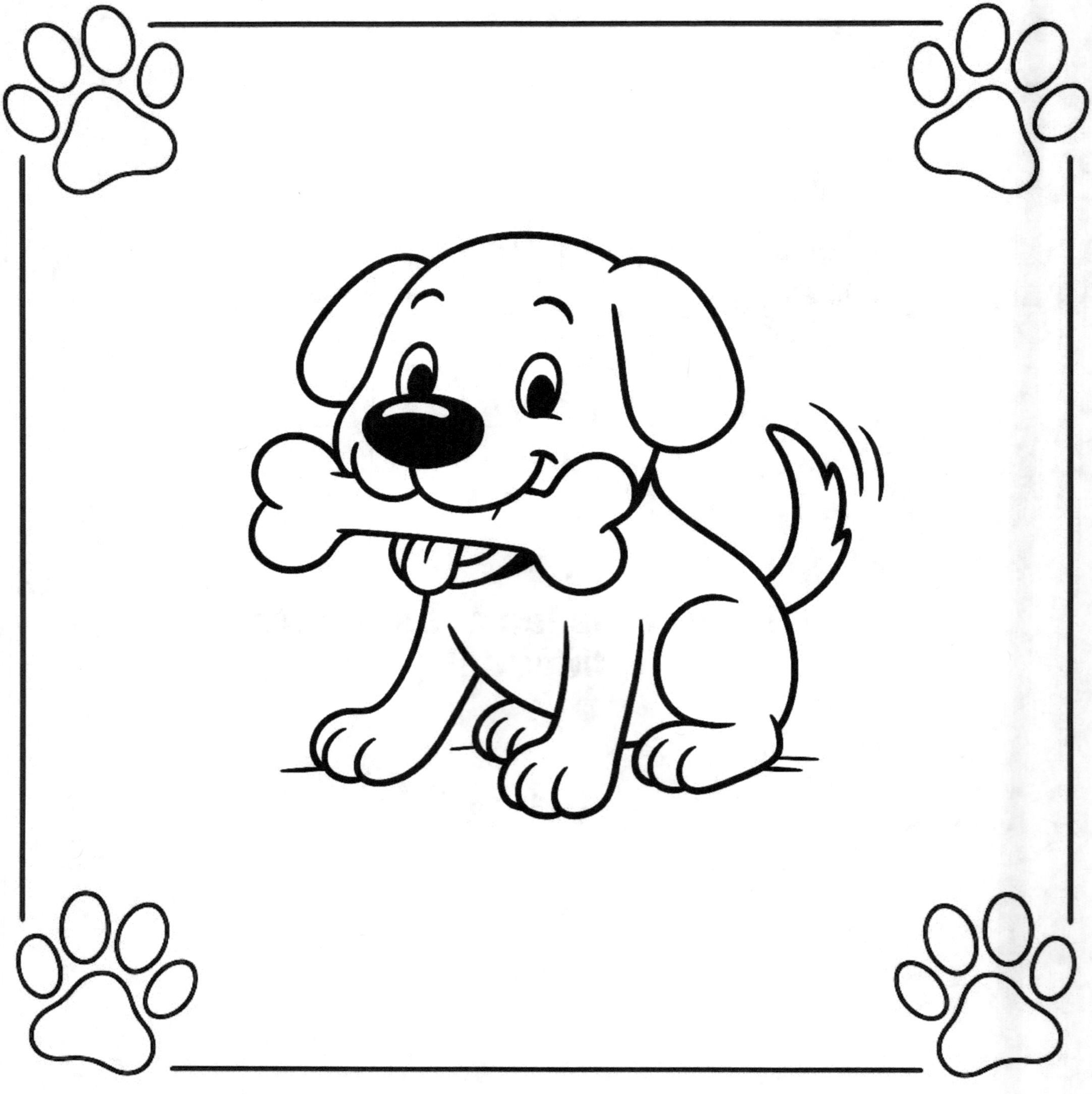

Fact #25

SOME DOGS PULL SLEDS ON SNOW.

Algunos perros tiran trineos en la nieve.

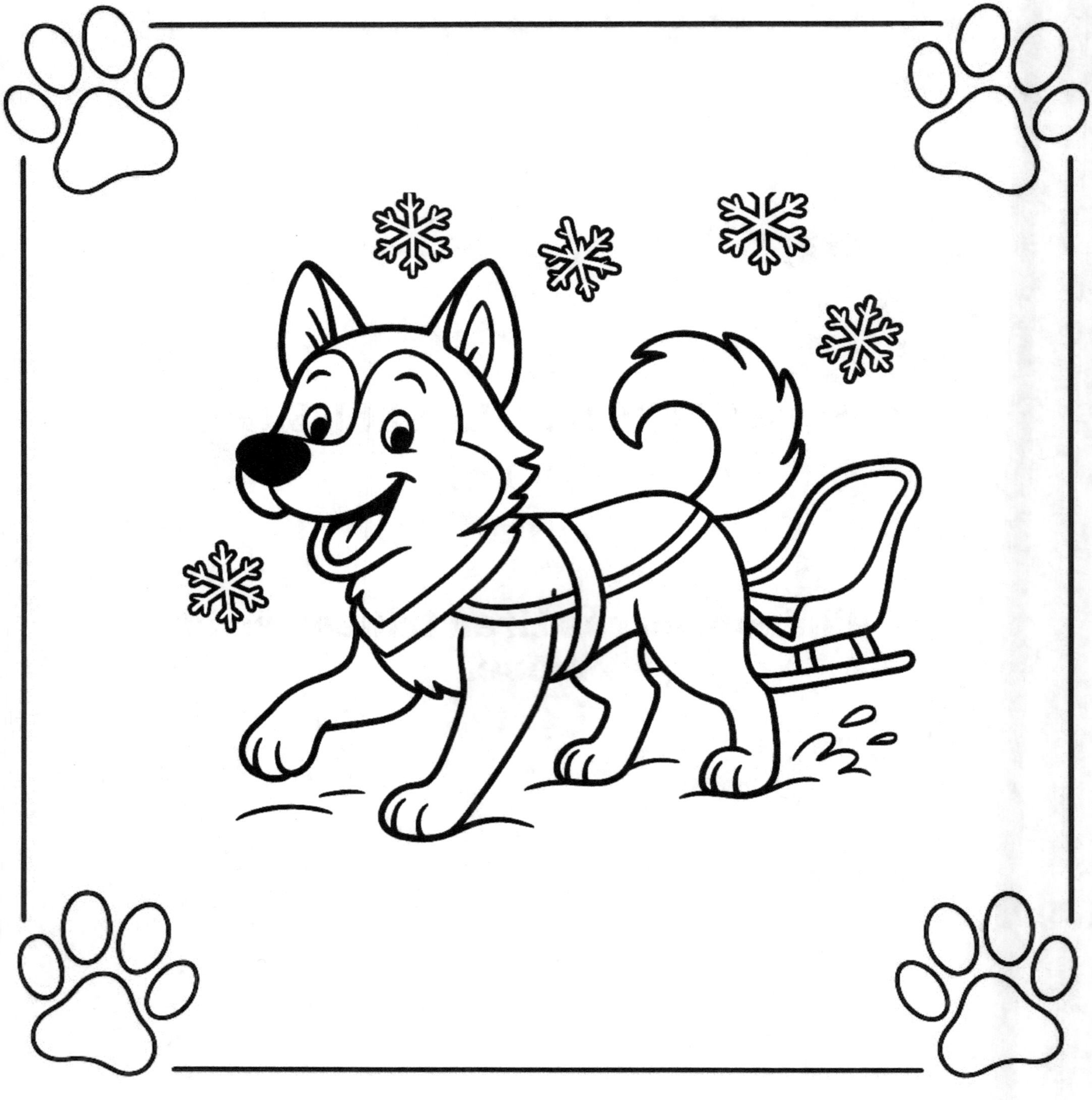

Fact #26

DOGS USE THEIR TAILS TO BALANCE.

Los perros usan la cola para equilibrarse.

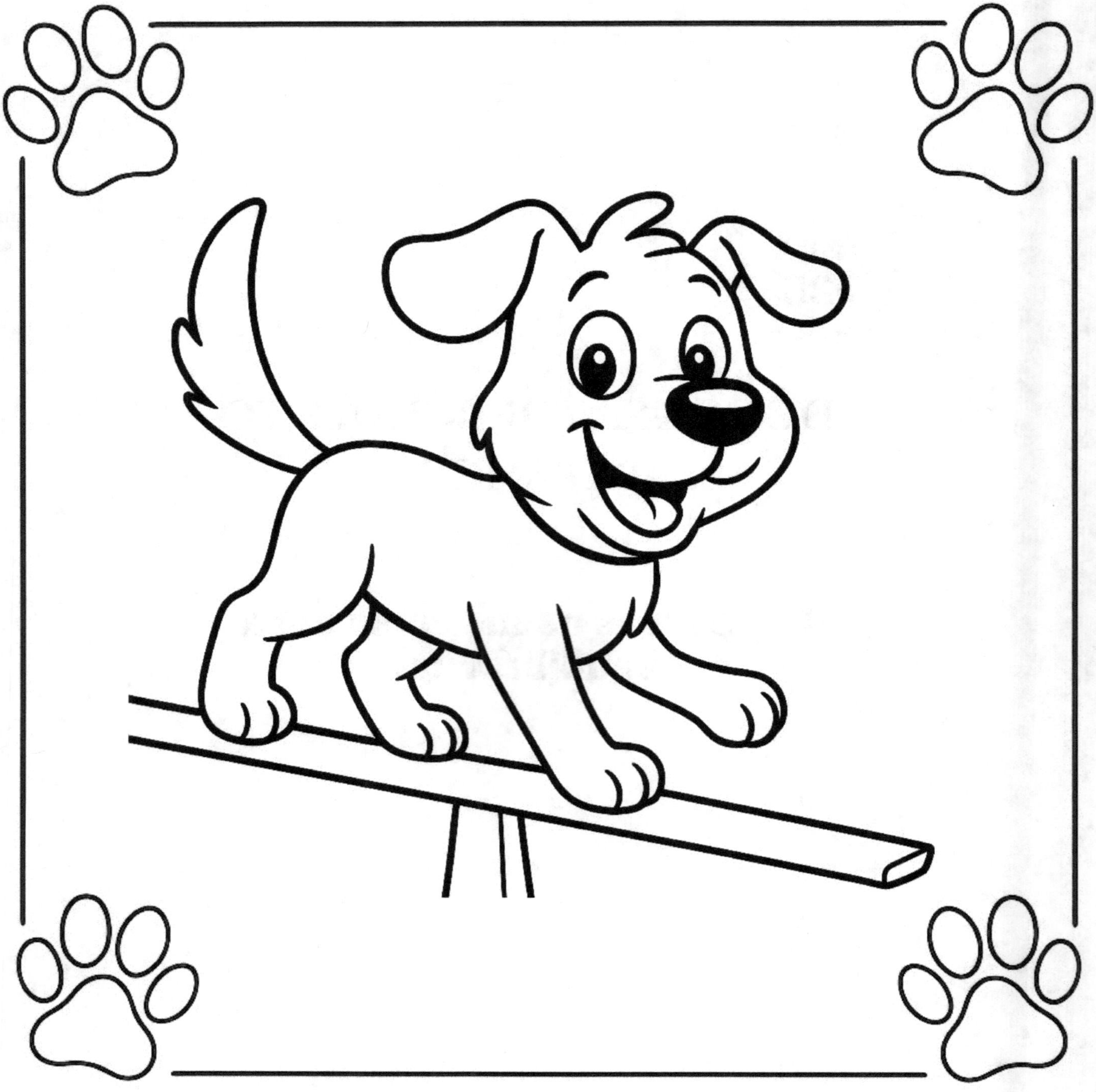

Fact
#27

SOME DOGS HAVE BLUE EYES.

Algunos perros tienen ojos azules.

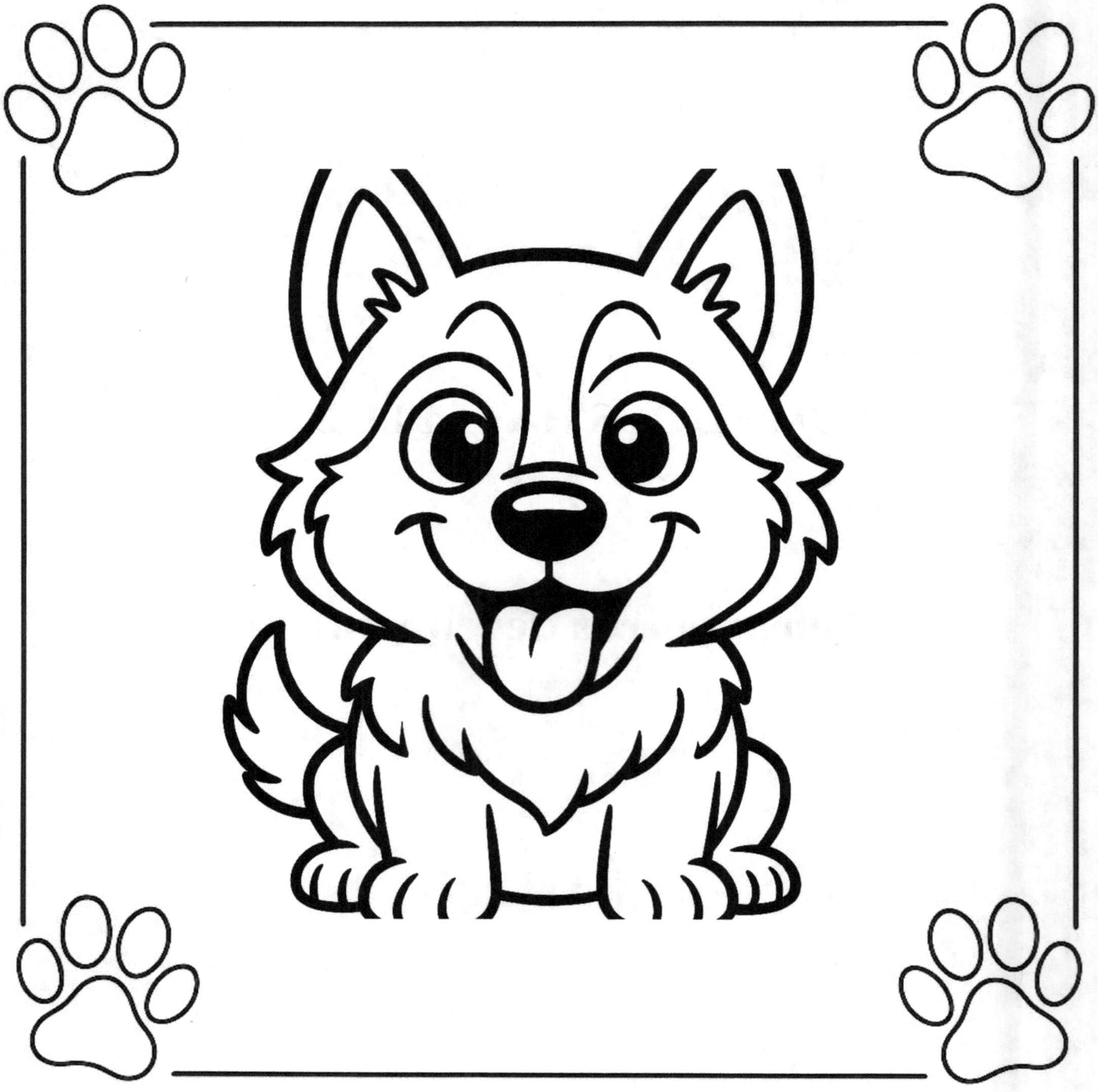

Fact #28

DOGS HAVE 42 TEETH.

Los perros tienen 42 dientes.

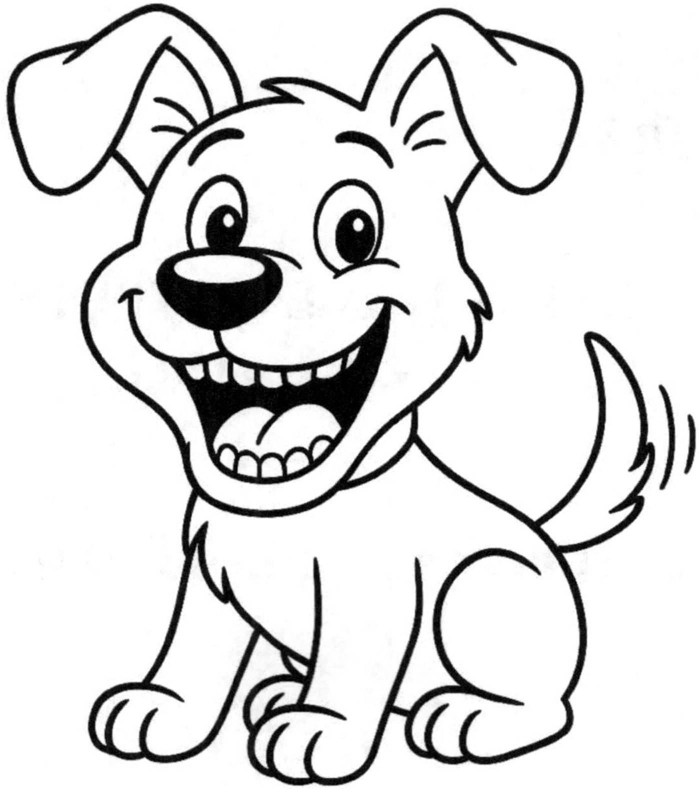

teeth / dientes

Fact
#29

DOGS LIKE TO SNIFF
EVERYTHING!

¡A los perros les gusta olfatear todo!

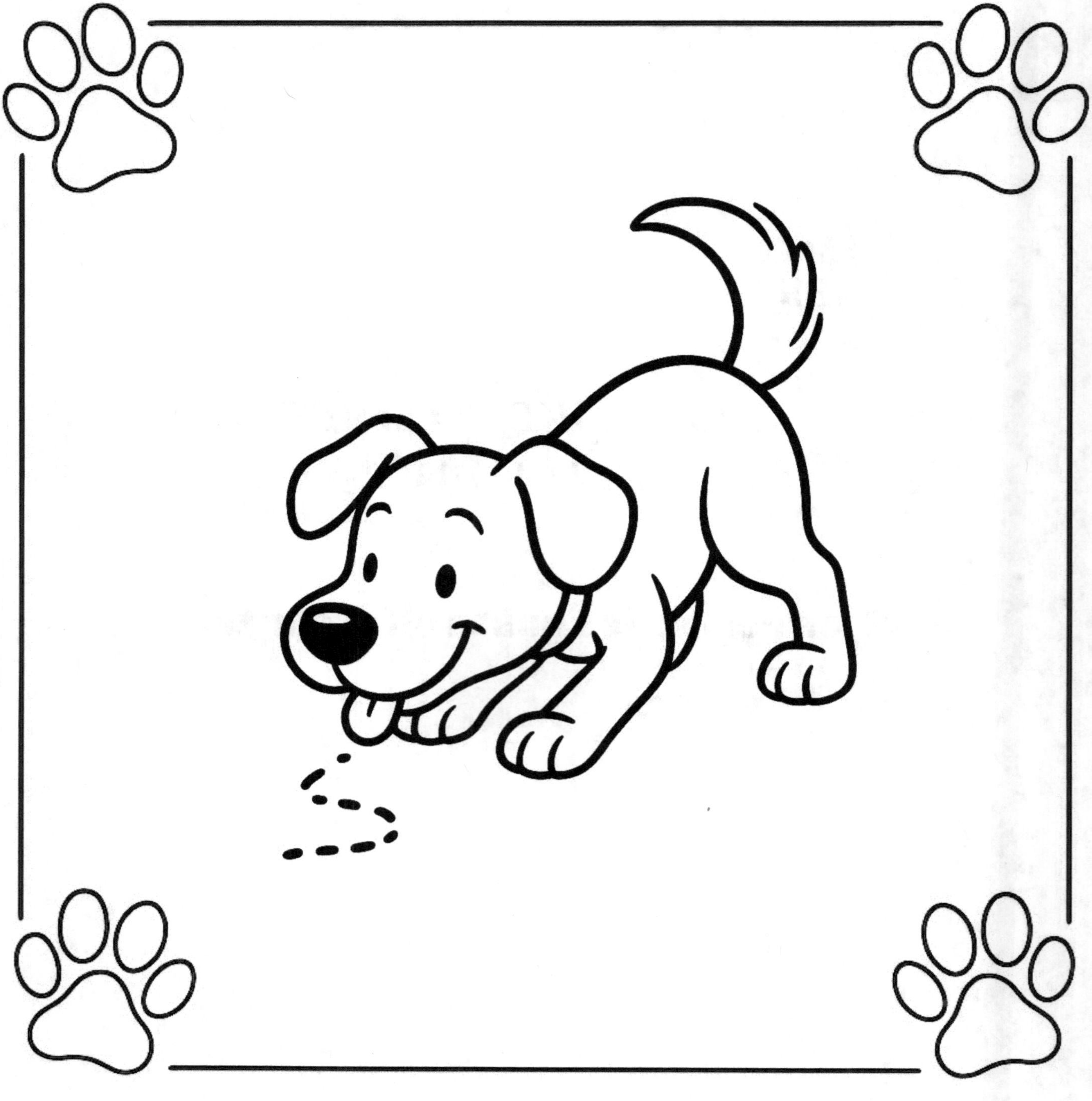

Fact #30

SOME DOGS DON'T BARK.

Algunos perros no ladran.

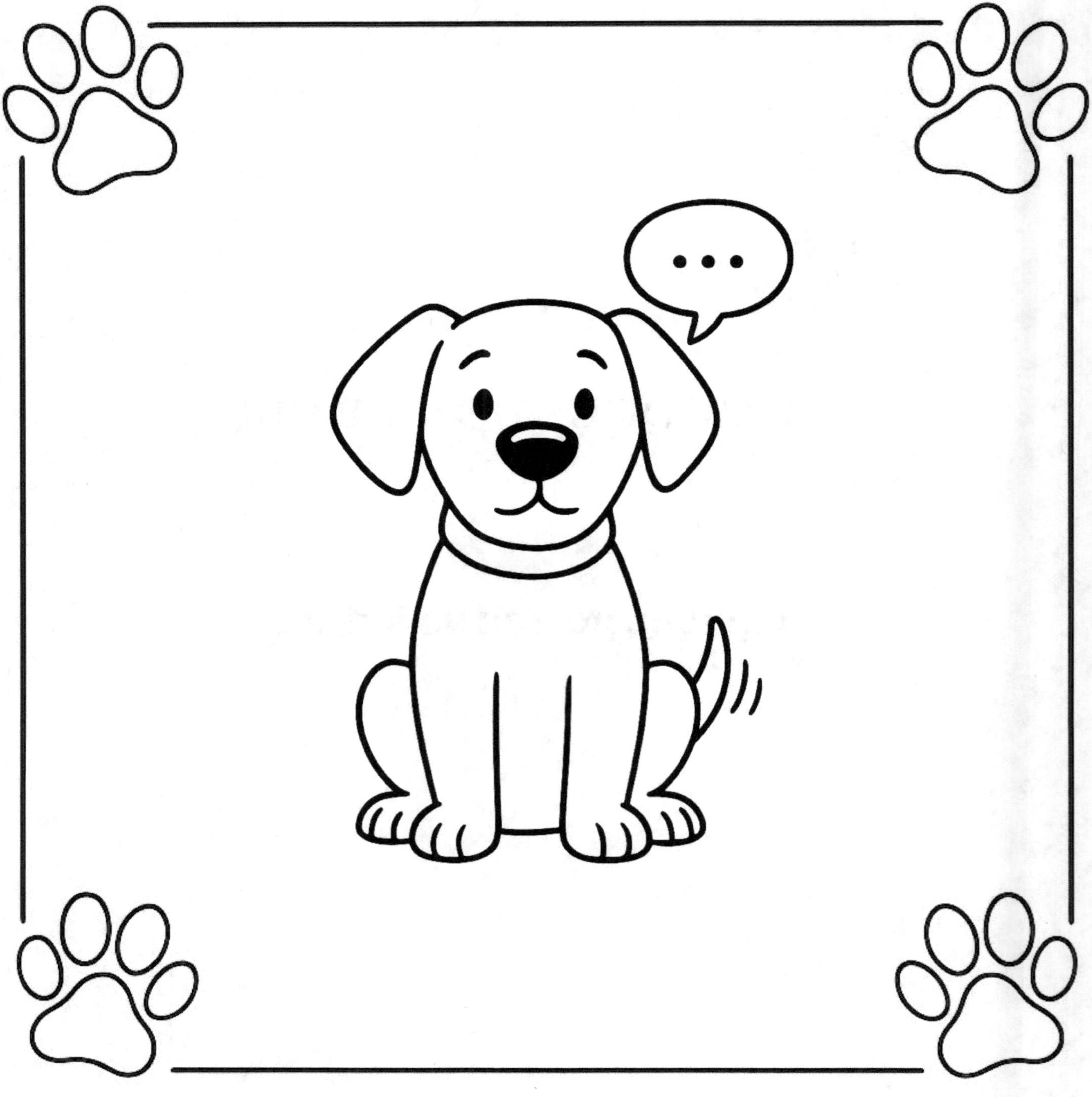

Fact #31

DOGS CAN SHAKE OFF WATER REALLY FAST.

Los perros pueden sacudirse el agua muy rápido.

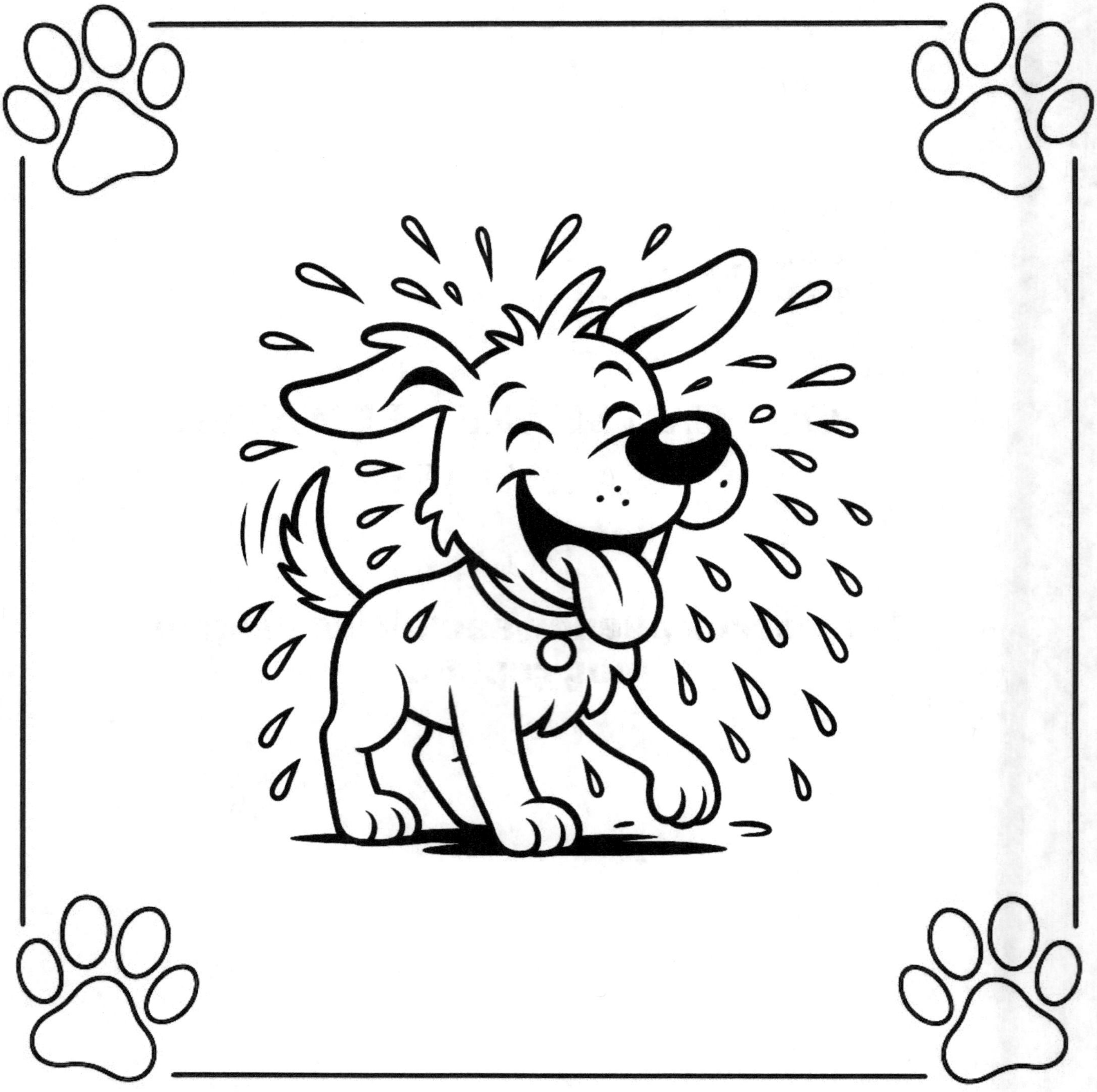

Fact #32

DOGS LOVE TO GO FOR WALKS.

A los perros les encanta salir a pasear.

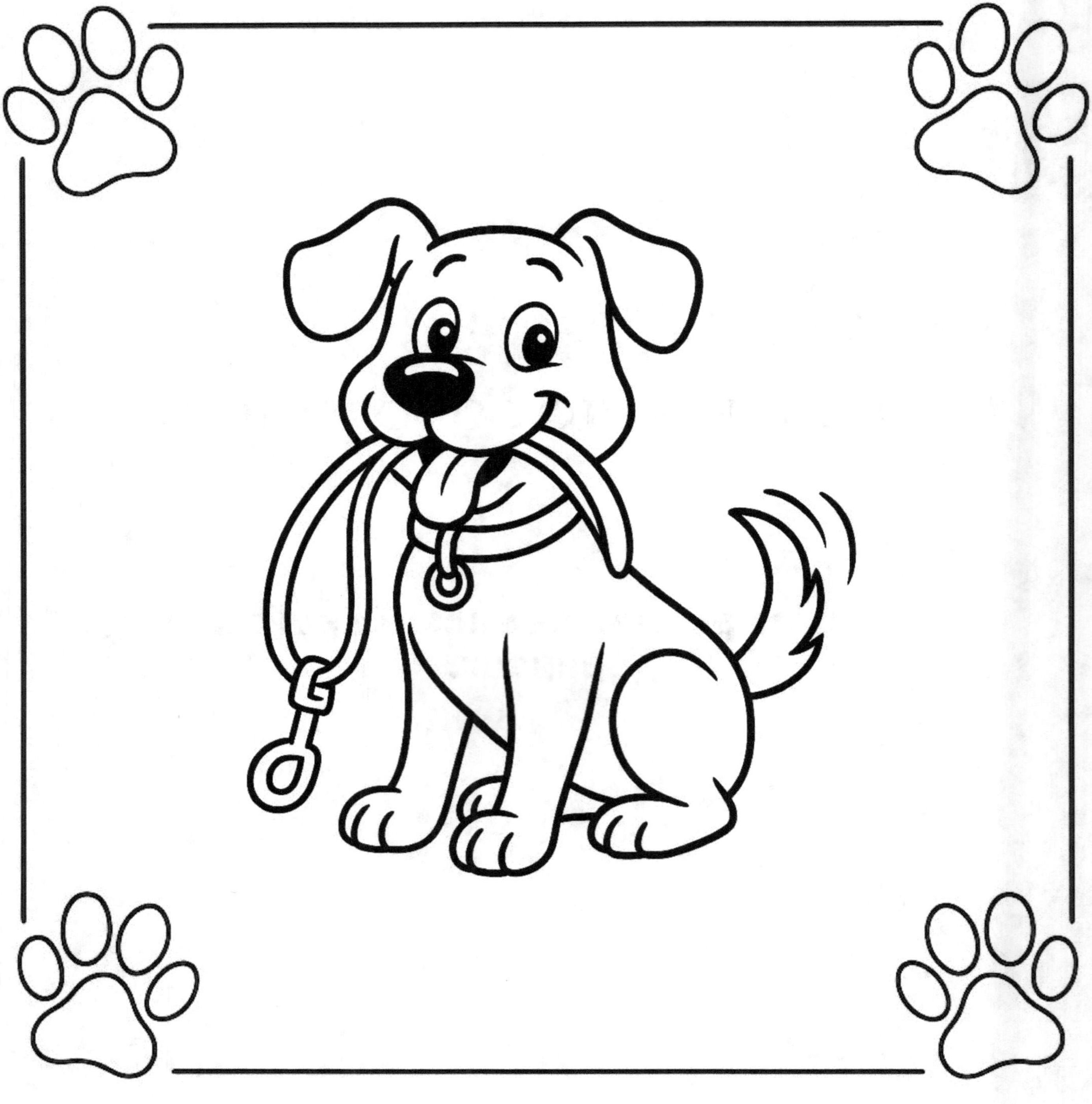

Fact #33

DOGS SOMETIMES TILT THEIR HEADS WHEN CURIOUS.

A veces los perros inclinan la cabeza cuando están curiosos.

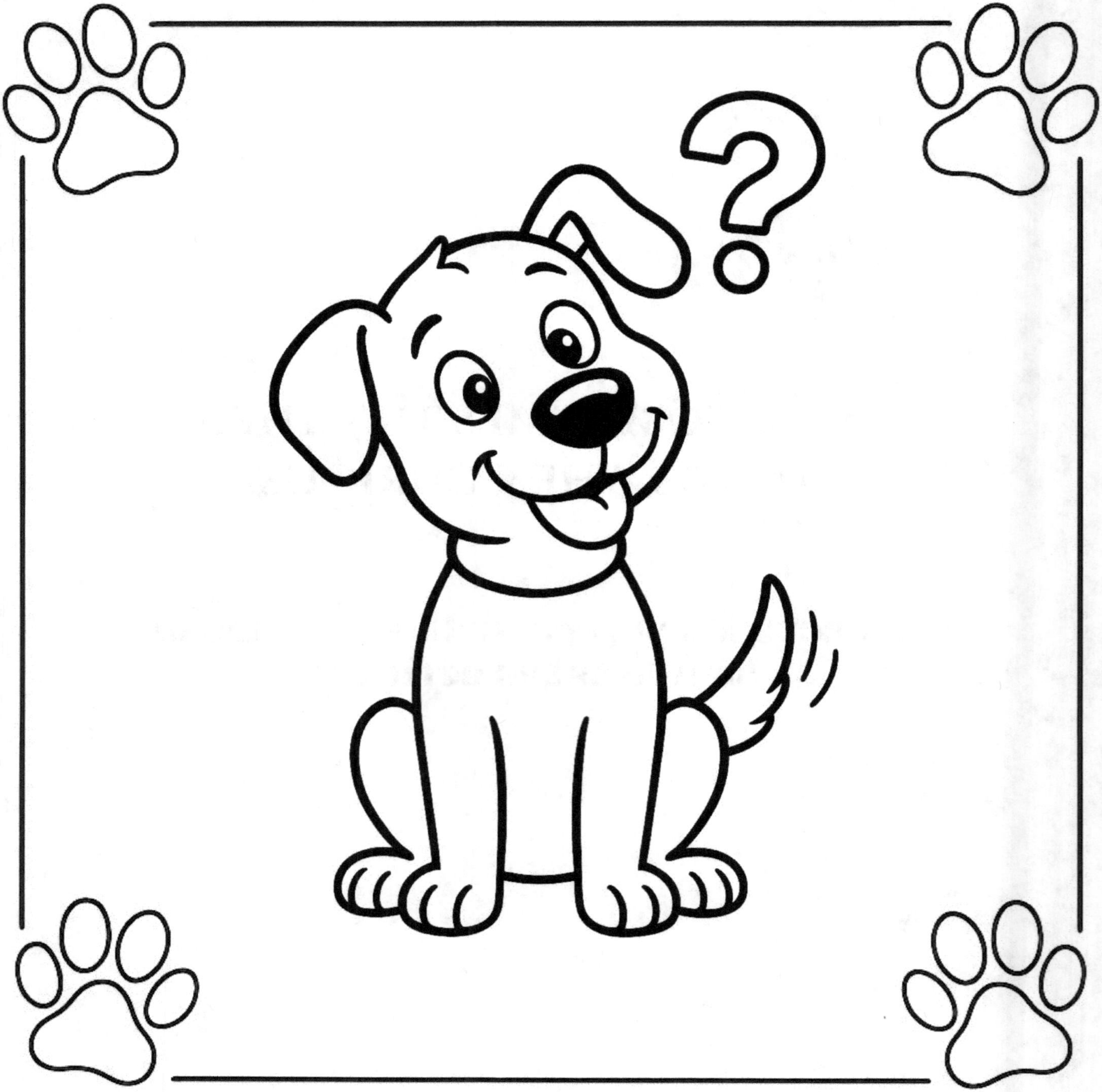

Fact
#34

DOGS CAN BE TRAINED TO DO TRICKS

Los perros pueden ser entrenados para hacer trucos.

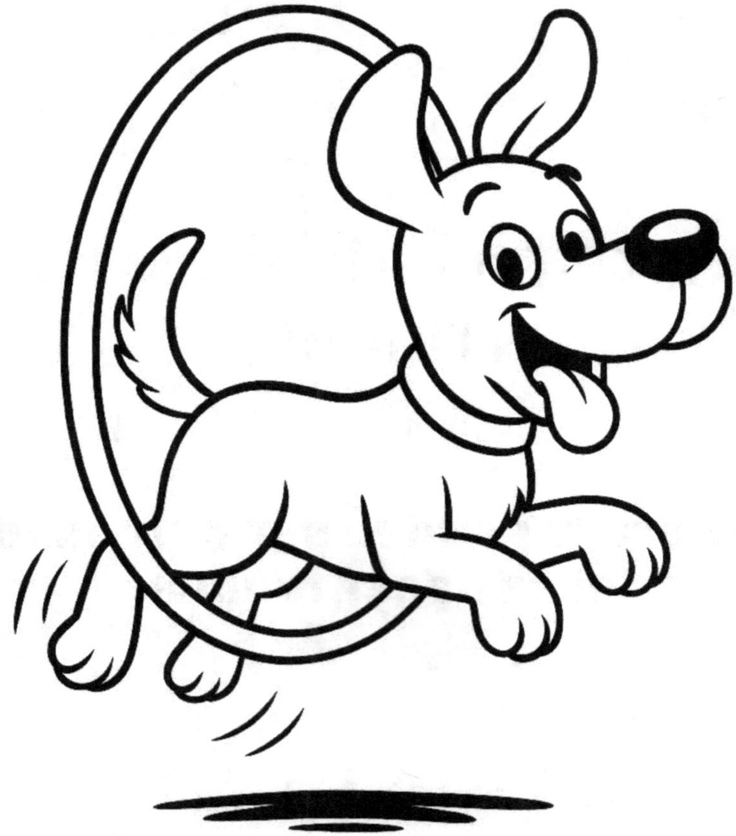

Fact #35

DOGS HAVE BEEN PETS FOR THOUSANDS OF YEARS.

Los perros han sido mascotas por miles de años.

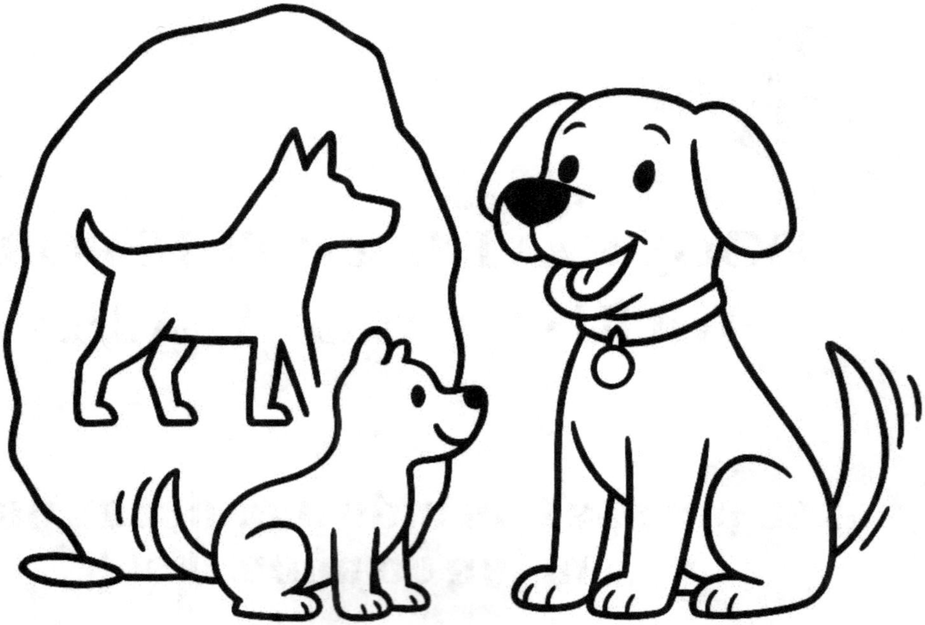

Dogs have been pets for thousands of years.

Fact #36

DOGS HAVE WHISKERS TO HELP THEM FEEL.

Los perros tienen bigotes para sentir.

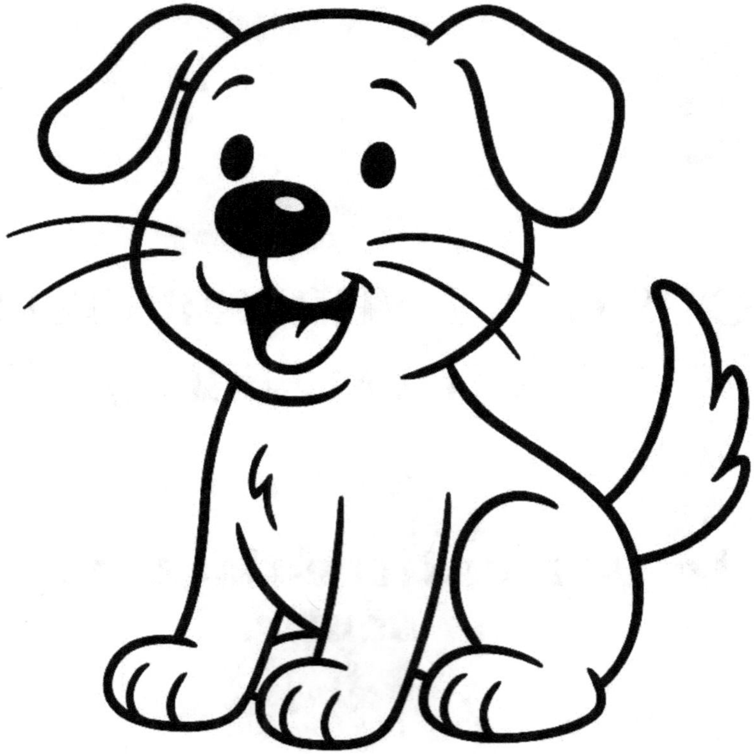

whiskers / bigotes

Fact
#37

DOGS HAVE FOUR TOES ON THEIR BACK PAWS.

Los perros tienen cuatro dedos en las patas traseras.

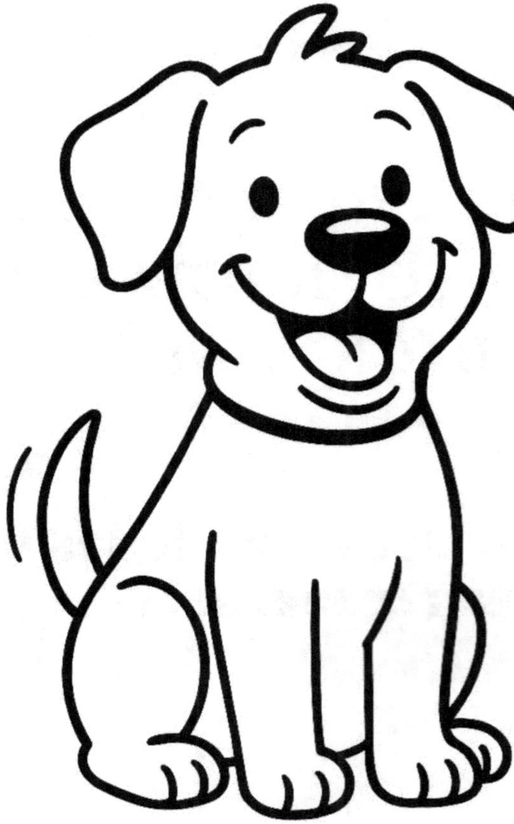

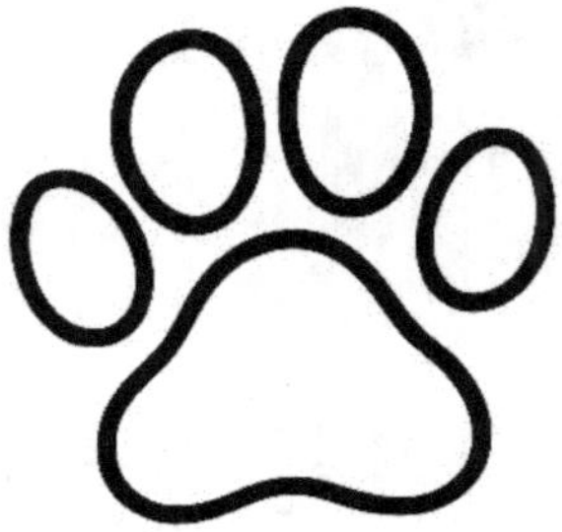

paw

pata

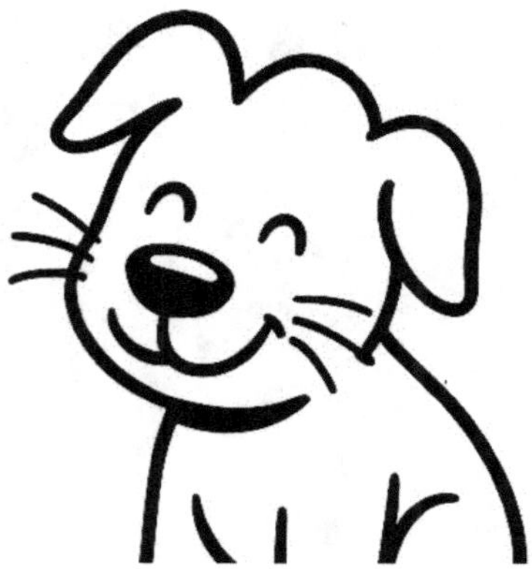

Fact #38

DOGS LOVE TO DIG IN THE DIRT.

A los perros les encanta cavar en la tierra.

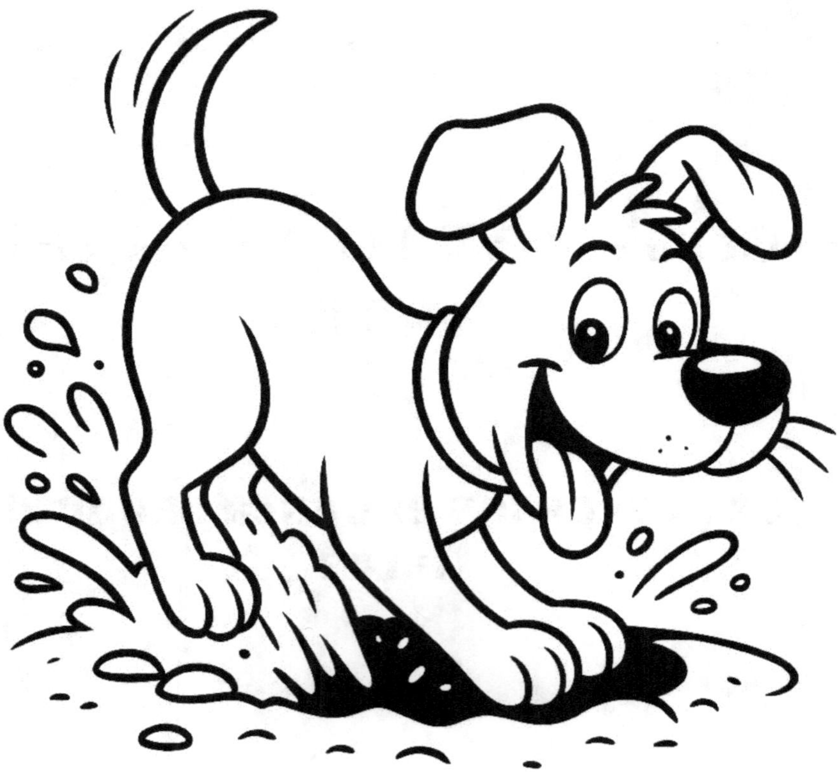

Fact
#39

DOGS CAN LIVE UP TO 15 YEARS OR MORE.

Los perros pueden vivir hasta 15 años o más.

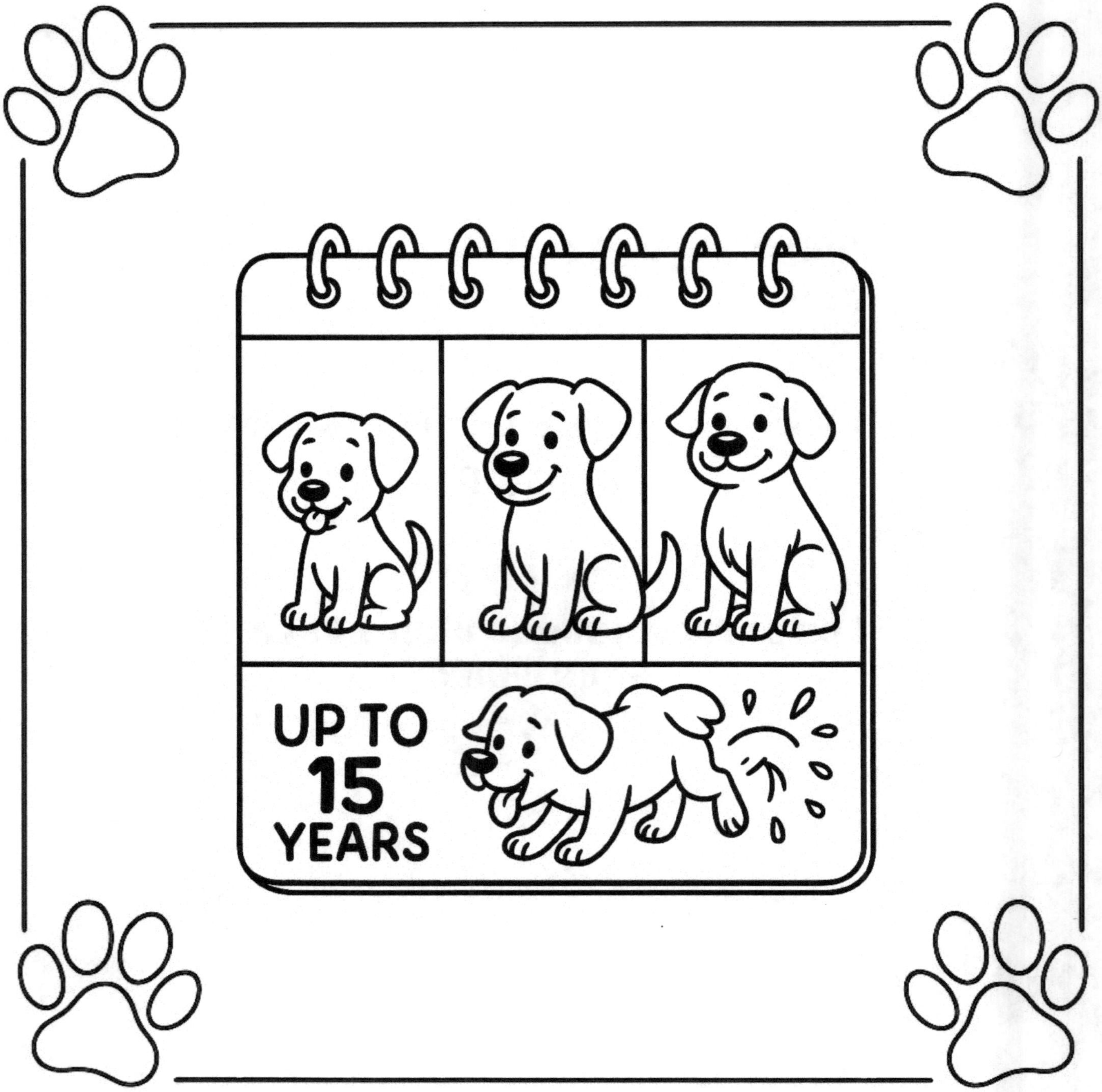
UP TO
15
YEARS

Fact
#40

DOGS SOMETIMES HOWL LIKE WOLVES.

A veces los perros aúllan como lobos.

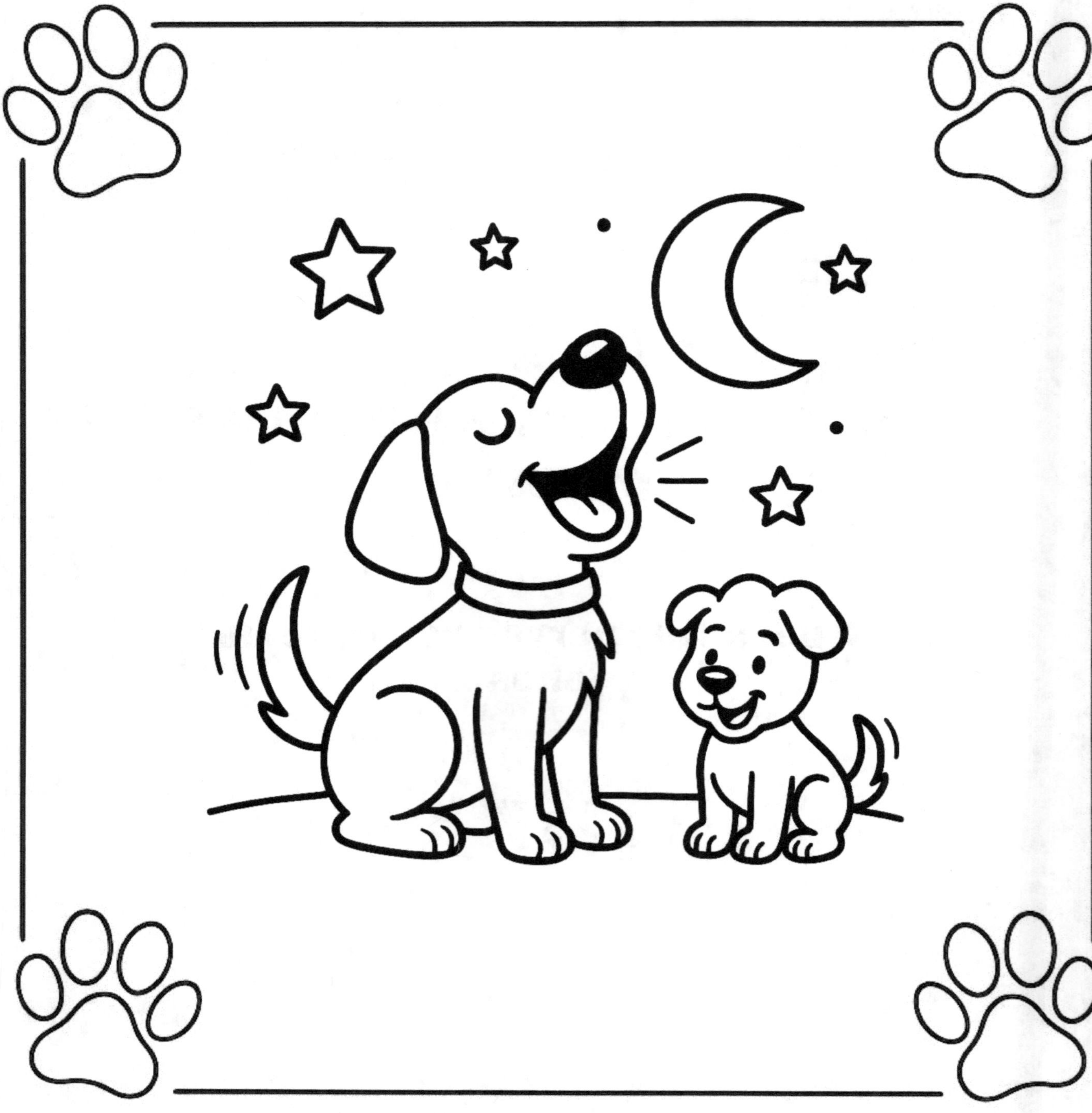

Fact #41

DOGS HAVE TAILS OF MANY SHAPES AND SIZES.

Los perros tienen colas de muchas formas y tamaños.

Dog tails come in many shapes and sizes.

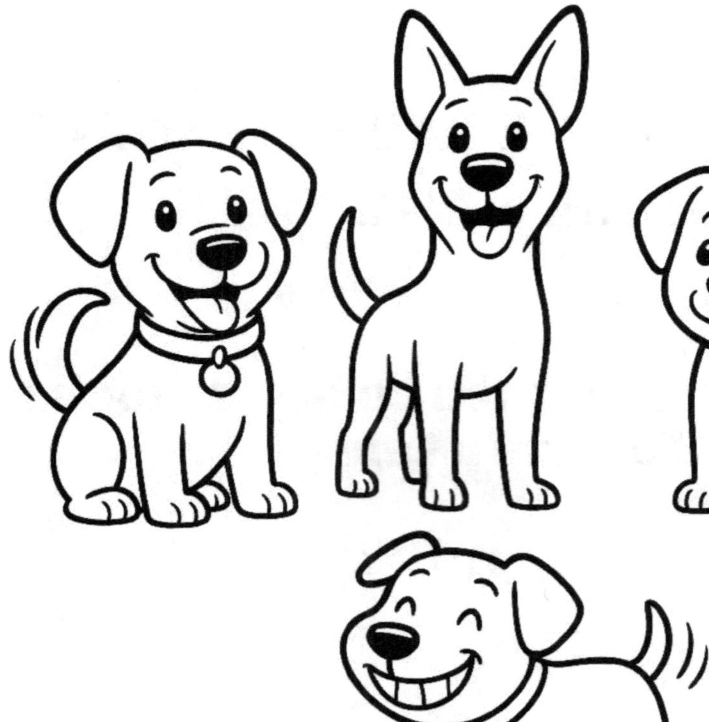

Fact
#42

SOME DOGS CAN JUMP REALLY HIGH.

Algunos perros pueden saltar muy alto.

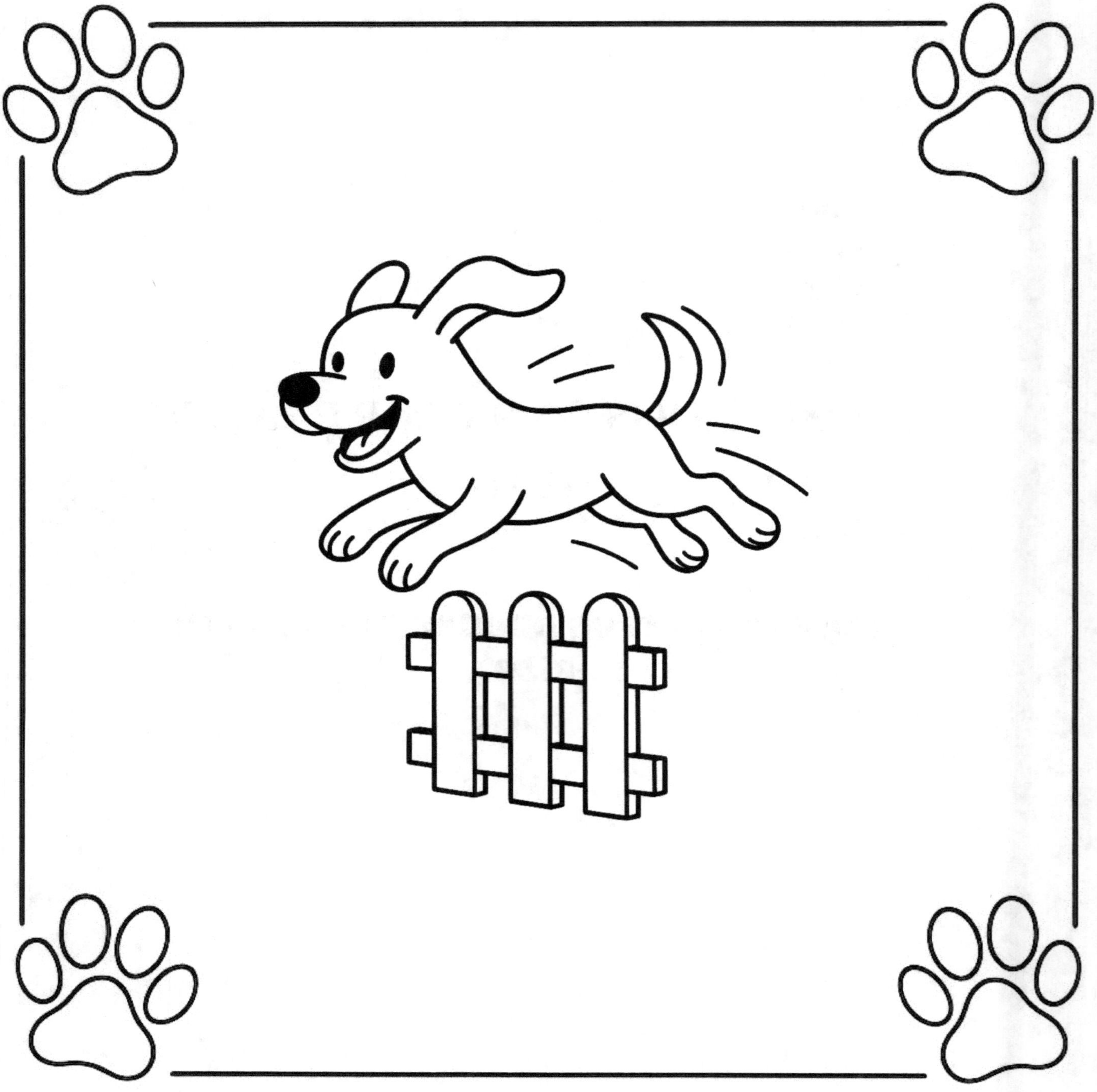

Fact
#43

DOGS ARE GREAT AT FINDING THINGS.

Los perros son muy buenos para encontrar cosas.

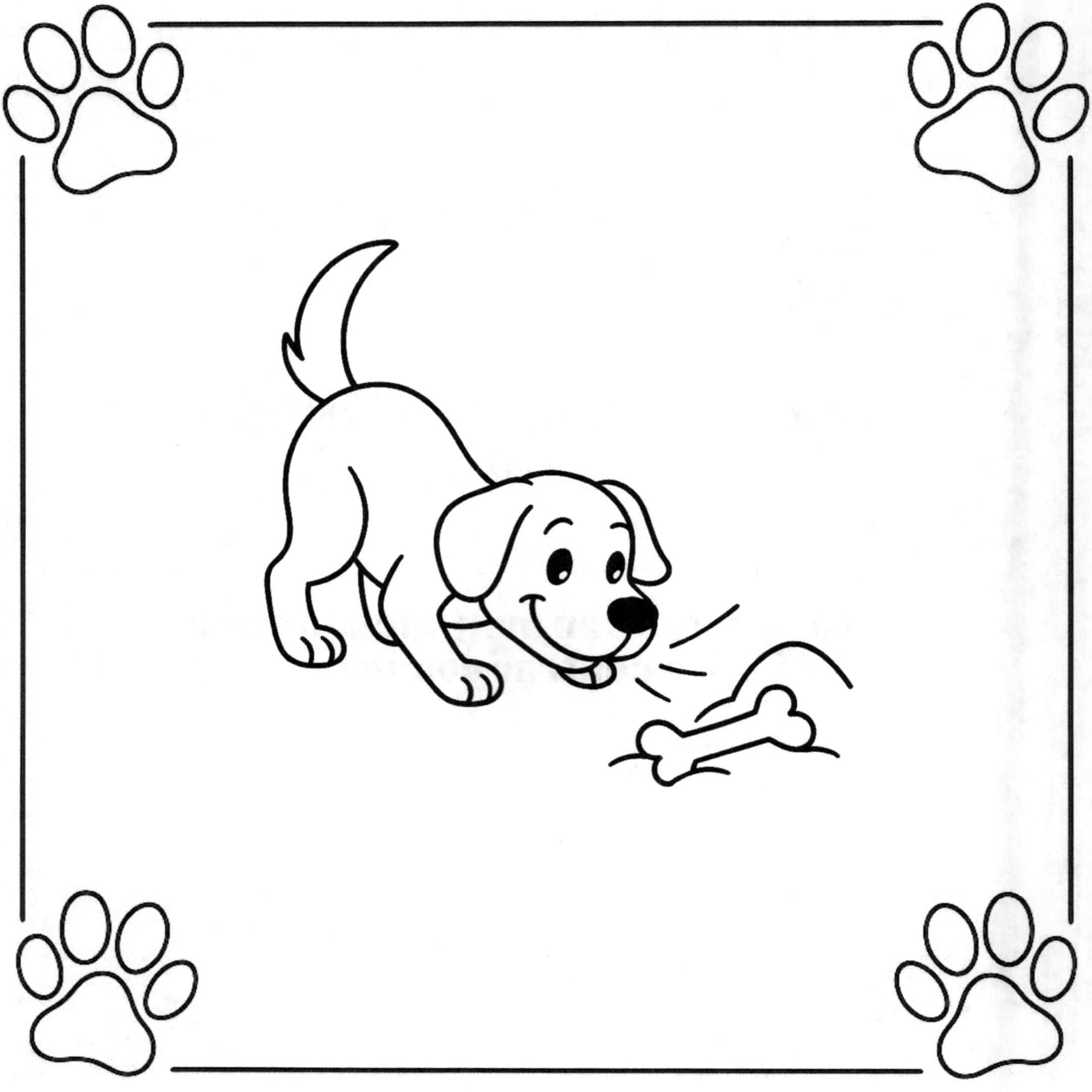

Fact #44

DOGS SLEEP A LOT—JUST LIKE PEOPLE!

Los perros duermen mucho-iigual que las personas!

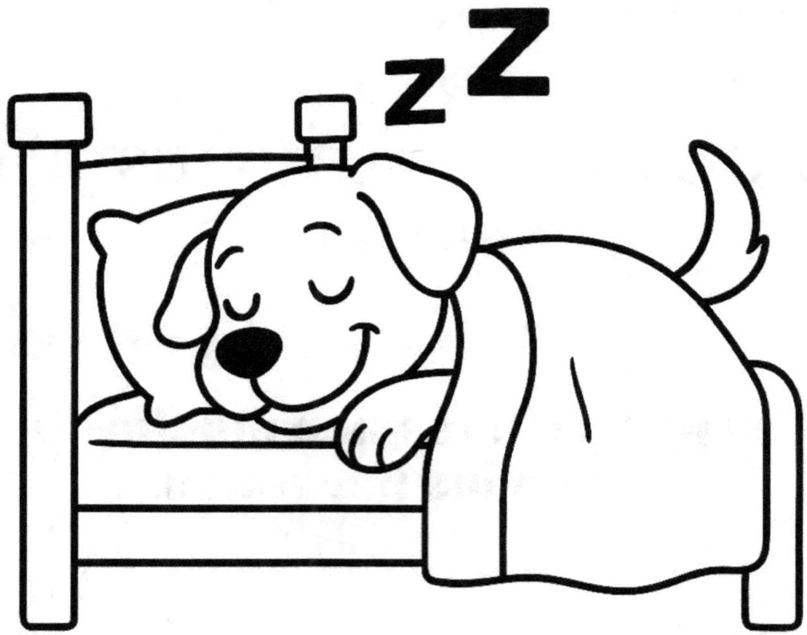
zZ

Fact #45

DOGS LOVE BEING PART OF A FAMILY.

A los perros les encanta ser parte de una familia.

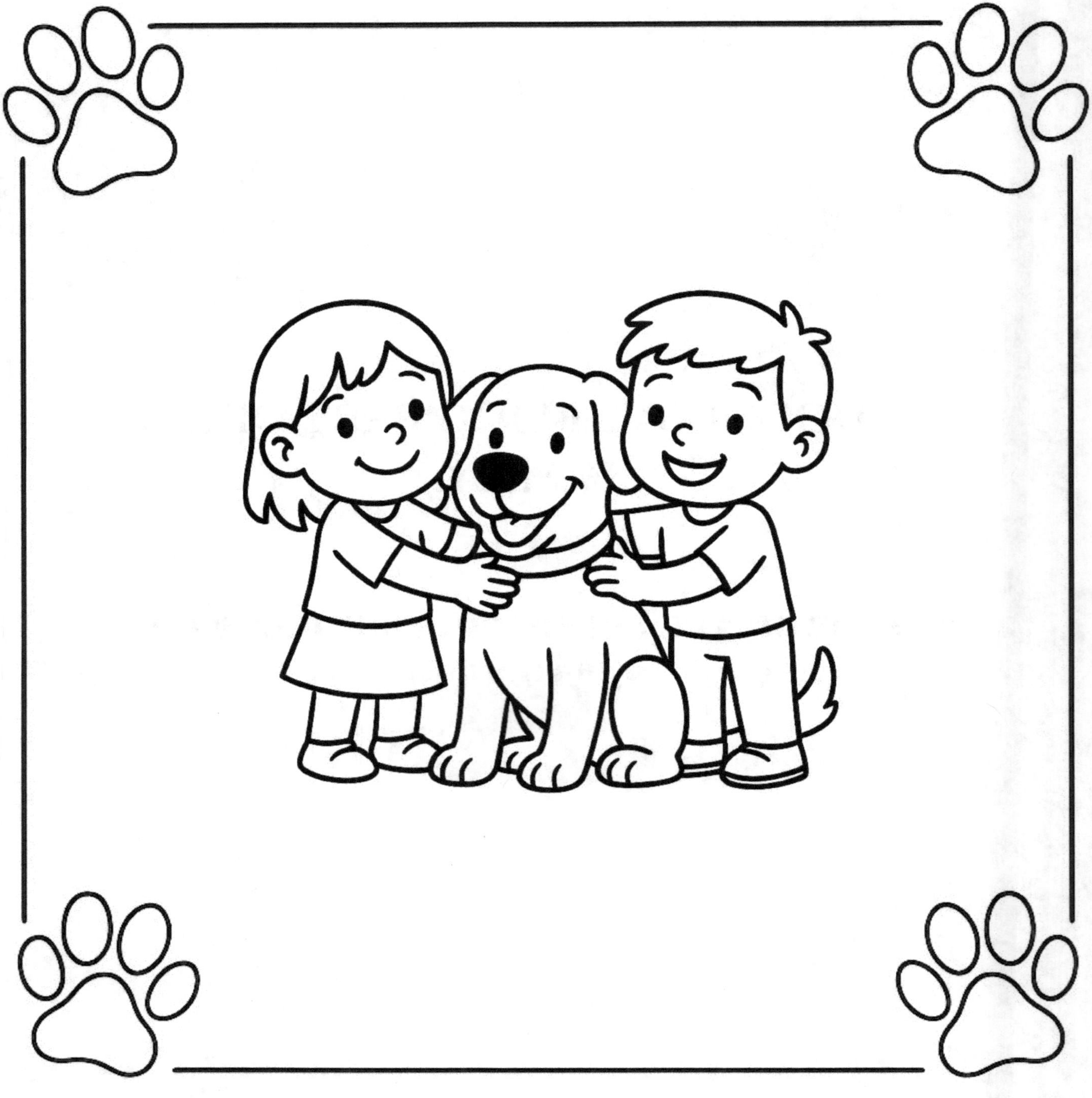

Fact
#46

DOGS USE THEIR EARS TO
SHOW FEELINGS.

**Los perros usan las orejas para
mostrar emociones.**

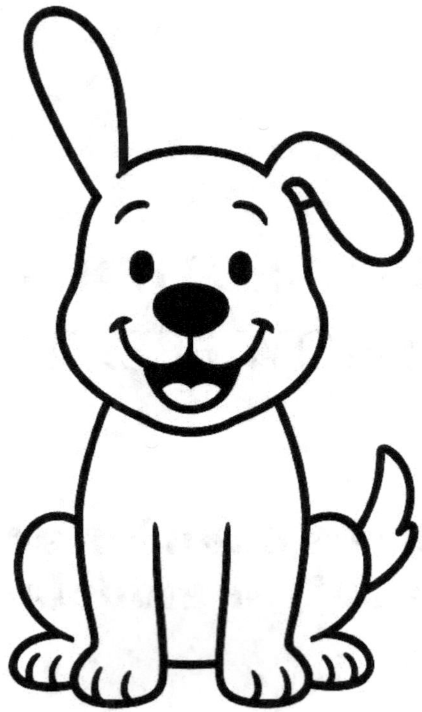

ear / oreja

Fact #47

SOME DOGS WORK ON FARMS.

Algunos perros trabajan en granjas.

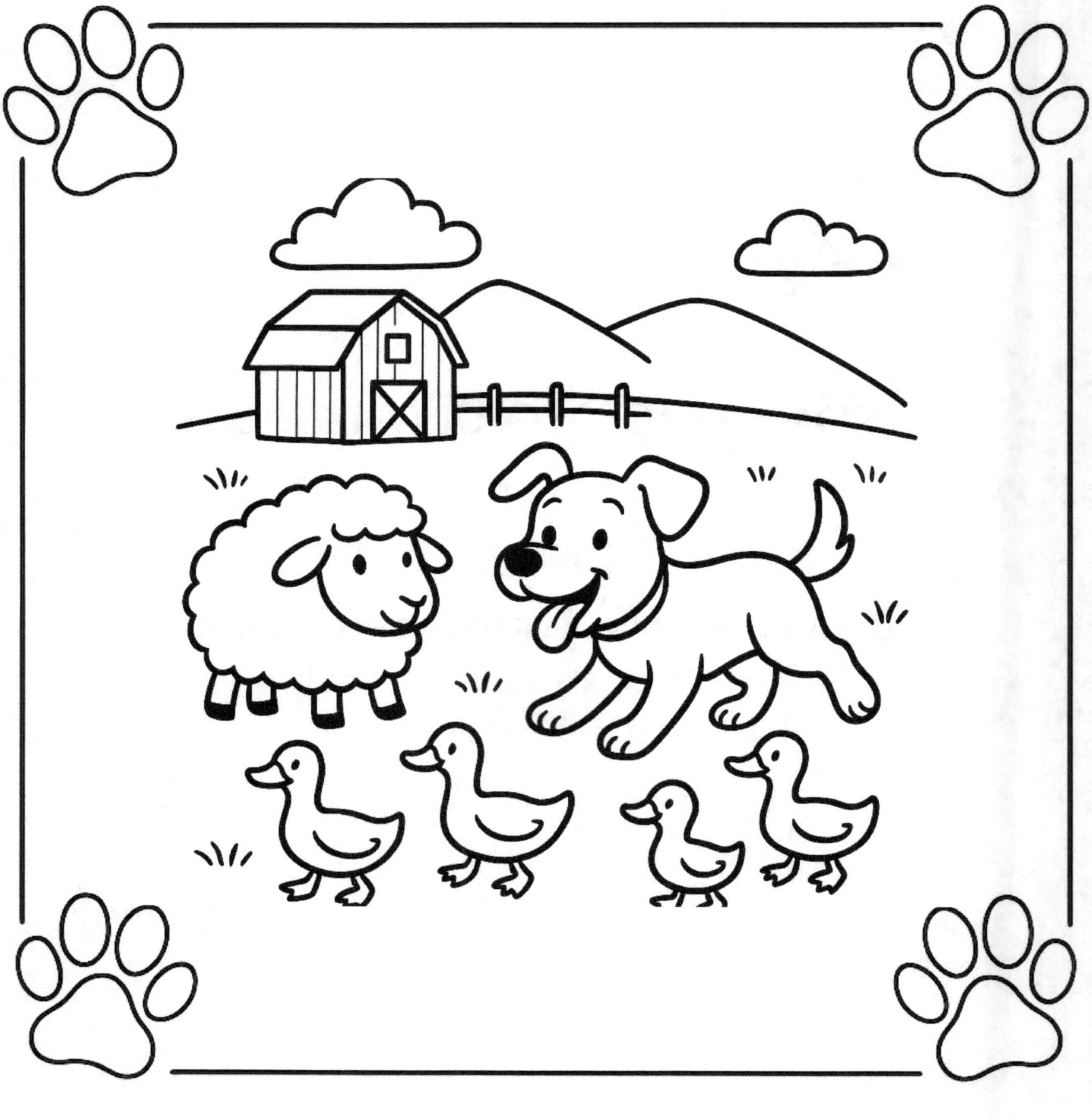

Fact
#48

DOGS LIKE TO BE PRAISED AND PETTED.

A los perros les gusta ser elogiados y acariciados.

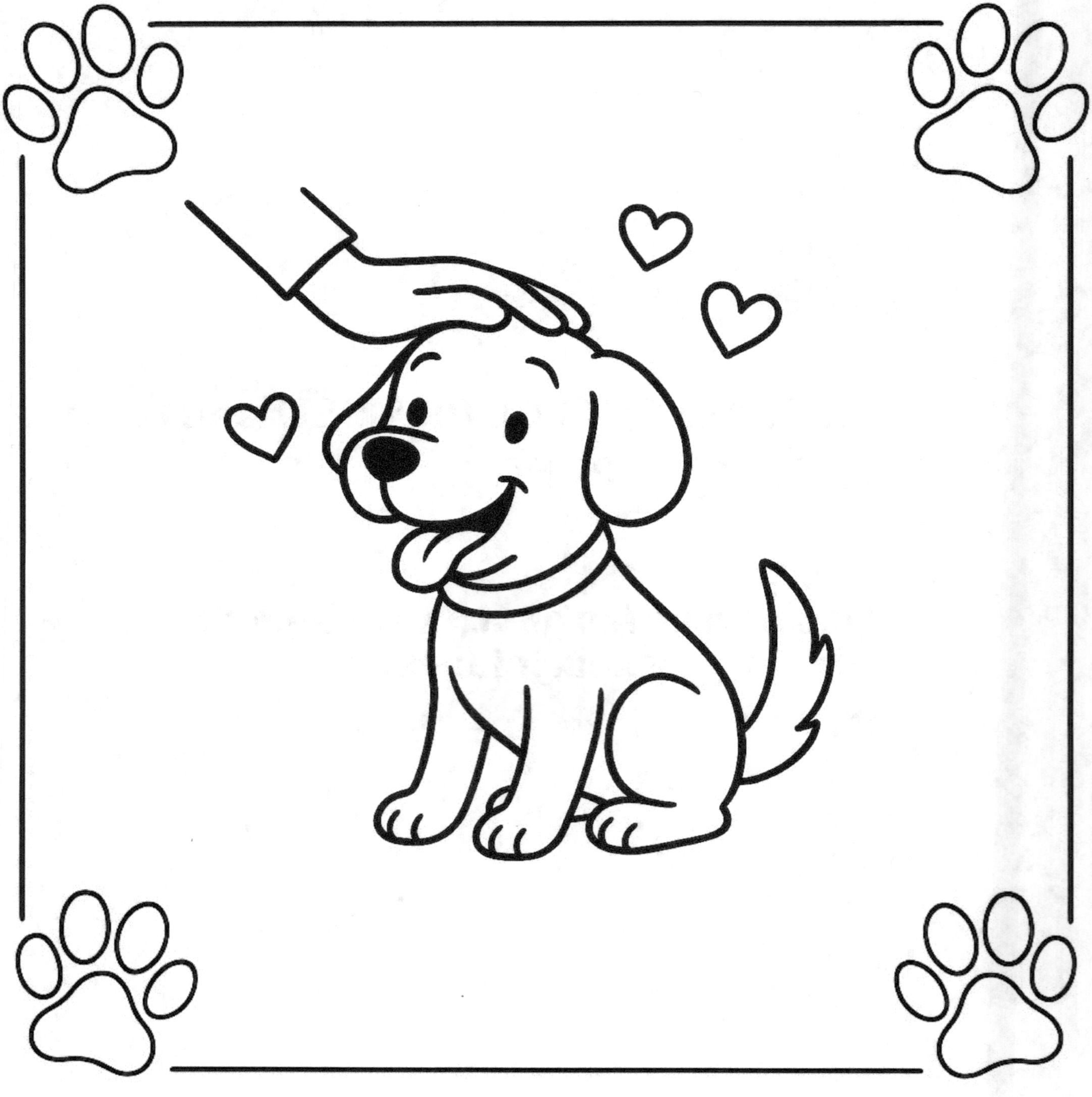

Fact
#49

DOGS CAN BE BRAVE AND PROTECTIVE.

Los perros pueden ser valientes y protectores.

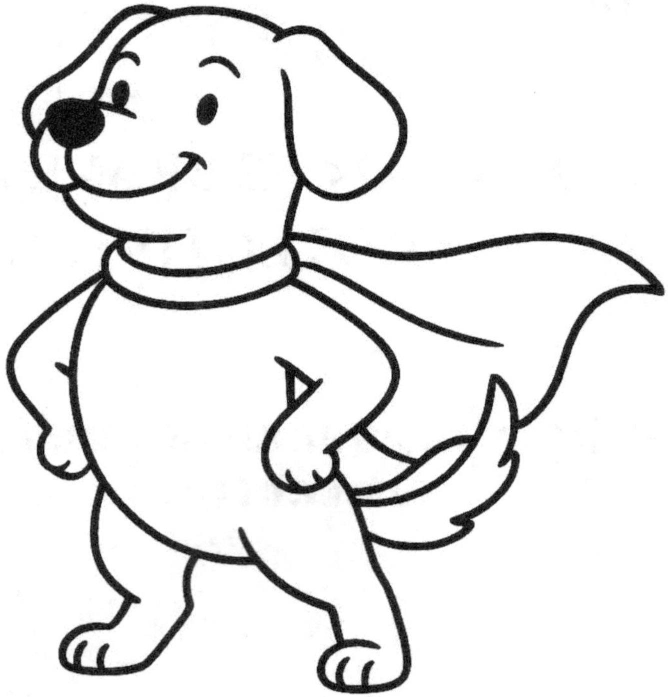

Fact #50

DOGS ARE KNOWN AS MAN'S BEST FRIEND.

Los perros son conocidos como el mejor amigo del hombre.

BEST FRIENDS
MEJORES AMIGOS

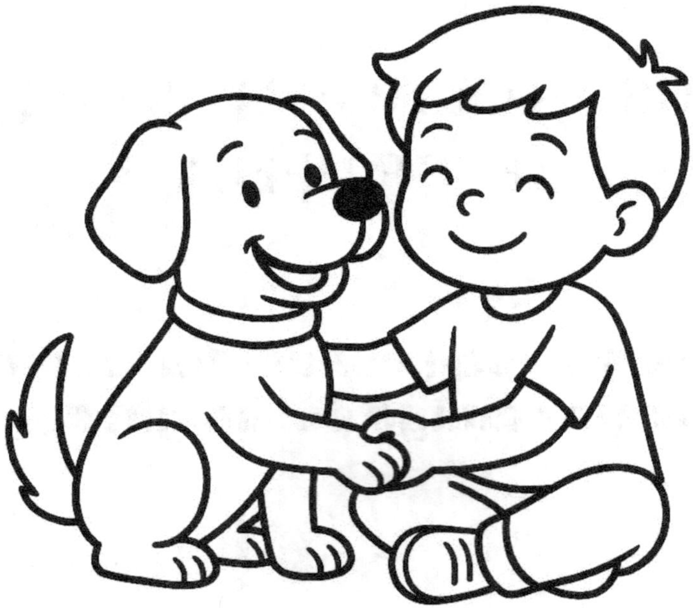

Bonus Page 1:
Trace the word/Traza la palabra

DIRECTIONS:

USE YOUR PENCIL OR CRAYON TO TRACE THE LETTERS BELOW. SAY THE WORD OUT LOUD AS YOU TRACE!

WORD TO TRACE:

B U L L D O G

TRACE THREE TIMES BELOW:

B U L L D O G

B U L L D O G

B U L L D O G

Bonus Page 2:
Trace the word/Traza la palabra

DIRECTIONS:

USE YOUR PENCIL OR CRAYON TO TRACE THE LETTERS BELOW. SAY THE WORD OUT LOUD AS YOU TRACE!

WORD TO TRACE:

H U S K Y

TRACE THREE TIMES BELOW:

HUSKY
HUSKY
HUSKY

Bonus Page 3:

Draw and color your own pet dog here:

Página adicional: Dibuja y colorea tu propio perro aquí:

COLOR YOUR TROPHY PAGE

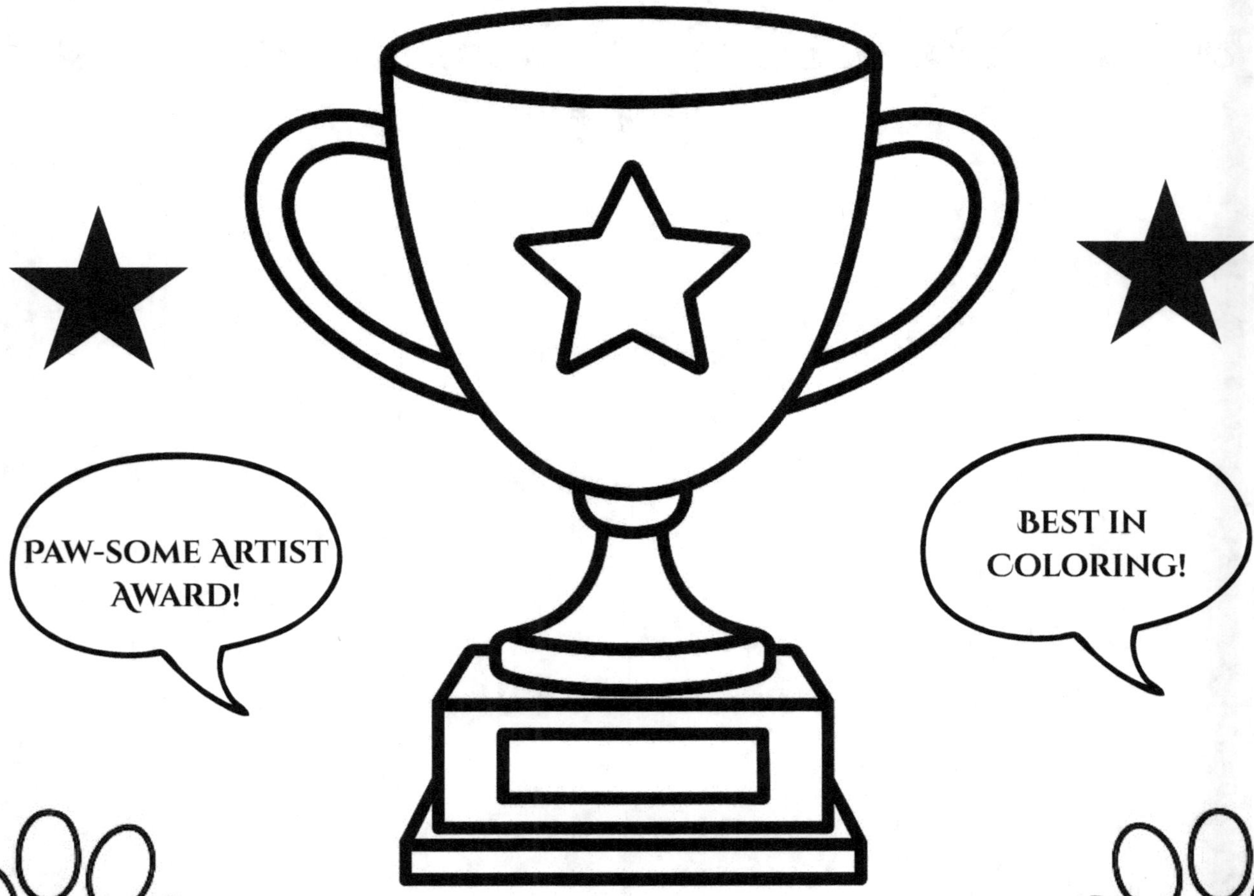

🐾 Thank You, Wonderful Parent or Grown-Up! 🐾

Thank you for bringing home 50 Fun Facts About Dogs – Kids Edition (Bilingual – English & Spanish) and encouraging learning through creativity and fun! 🐶🎨

With your support, your child gets to explore the amazing world of dogs while building language skills and fine motor confidence—one coloring page at a time!

🎉 Join the Pack!
📸 Share your child's artwork with us using #ColorMeDogs
and stay tuned for more fun, bilingual learning books!

Thank you for being part of our creative journey! 🐾🤍

¡Gracias, maravilloso padre o adulto!

Gracias por traer a casa 50 datos curiosos sobre los perros – Edición infantil (bilingüe: inglés y español) y fomentar el aprendizaje a través de la creatividad y la diversión.

Con tu apoyo, tu hijo podrá explorar el maravilloso mundo de los perros mientras desarrolla sus habilidades lingüísticas y su motricidad fina, ¡coloreando una página a la vez!

¡Únete a la manada!

Comparte las obras de arte de tu hijo con nosotros usando #ColorMeDogs

¡y no te pierdas más libros divertidos de aprendizaje bilingüe!

¡Gracias por ser parte de nuestro viaje creativo!

¡Únete a la manada!

Comparte las obras de arte de tu hijo con nosotros usando #ColorMeDogs

¡y estate atento para más libros de aprendizaje bilingües y divertidos!

¡Gracias por ser parte de nuestro viaje creativo!

💬 **We'd Love to Hear from You!**

If your child enjoyed this book, would you consider leaving us a quick review?

Your feedback helps other families discover our book and helps us keep creating more pawsome adventures!

📝 Just hop over to the product page and let us know what you and your little one think via a book review. Thank you in advance for helping us to improve!

¡Nos encantaría saber de ti!

Si a tu hijo le gustó este libro, ¿te gustaría dejarnos una reseña rápida?

¡Tus comentarios ayudan a otras familias a descubrir nuestro libro y nos ayudan a seguir creando más aventuras geniales!

Solo visita la página del producto y cuéntanos qué opinan tú y tu peque a través de una reseña.

¡Gracias de antemano por ayudarnos a mejorar!

www.ingramcontent.com/pod-product-compliance
Lightning Source LLC
LaVergne TN
LVHW060935030926
847095LV00032B/480
* 9 7 8 1 9 6 8 1 5 6 0 0 8 *